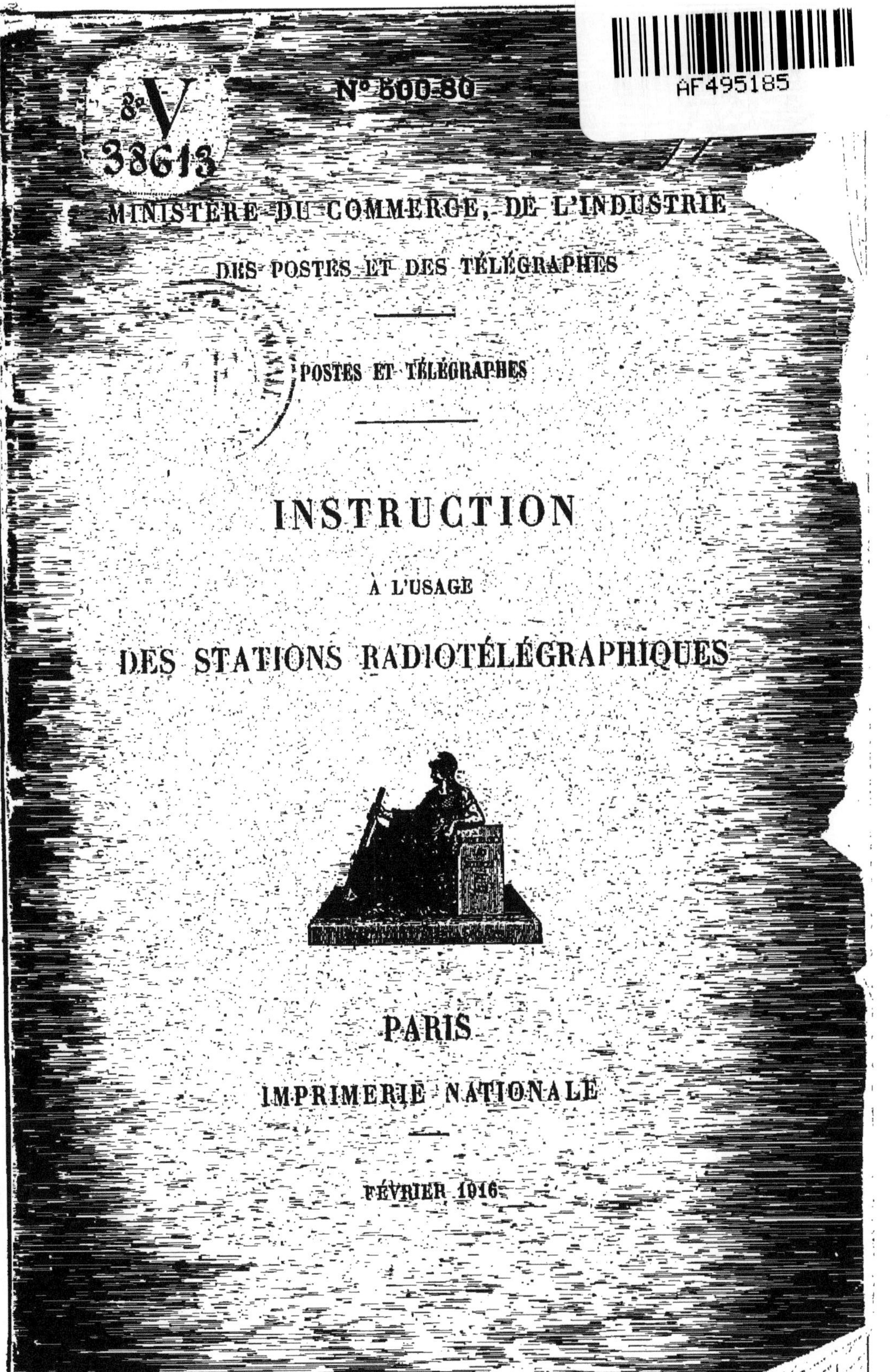

N° 500-80

MINISTÈRE DU COMMERCE, DE L'INDUSTRIE
DES POSTES ET DES TÉLÉGRAPHES

POSTES ET TÉLÉGRAPHES

INSTRUCTION

À L'USAGE

DES STATIONS RADIOTÉLÉGRAPHIQUES

PARIS
IMPRIMERIE NATIONALE

FÉVRIER 1916

N° 500-80.

MINISTÈRE DU COMMERCE, DE L'INDUSTRIE
DES POSTES ET DES TÉLÉGRAPHES

POSTES ET TÉLÉGRAPHES

INSTRUCTION
À L'USAGE
DES STATIONS RADIOTÉLÉGRAPHIQUES

PARIS
IMPRIMERIE NATIONALE

FÉVRIER 1916.

TABLE ANALYTIQUE SOMMAIRE
DES MATIÈRES.

NUMÉROS des CHAPITRES.	TITRES.	NUMÉROS des ARTICLES.
1	BUREAUX TÉLÉGRAPHIQUES ET STATIONS RADIOTÉLÉGRAPHIQUES :	
	A. — Bureaux télégraphiques........	I
	B. — Stations radiotélégraphiques....	II à IV
2	RÉDACTION ET DÉPÔT DES RADIOTÉLÉGRAMMES :	
	A. — Droit de correspondre par la radiotélégraphie..................	V
	B. — Irresponsabilité de l'État.......	VI
	C. — Rédaction.................	VII
	D. — Indications éventuelles........	VIII
	E. — Adresse :	
	a) Radiotélégrammes émanant des navires....................	IX
	b) Radiotélégrammes à destination des navires....................	X
	F. — Texte....................	XI à XV
	G. — Signature.................	XVI
3	TÉLÉGRAMMES D'ÉTAT..................	XVII et XVIII
4	TÉLÉGRAMMES DE SERVICE, AVIS DE SERVICE ET AVIS DE SERVICE TAXÉS :	
	A. — Dispositions générales.........	XIX
	B. — Télégrammes de service.......	XX
	C. — Avis de service..............	XXI
	D. — Avis de service taxés..........	XXII
5	COMPTE DES MOTS....................	XXIII à XXV
6	TARIFS ET TAXATION. (Régime. — Perception des taxes)......................	XXVI à XXXI
	A. — Régimes..................	XXVI et XXVII
	B. — Perception des taxes.	XXVIII à XXXI

Numéros		Pages
7	[illegible]	
	A. — Dispositions [illegible]	[illegible]
	B. — Signaux de [illegible]	[illegible]
	C. — Ordre [illegible]	
	a) Appels de [illegible]	[illegible]
	b) [illegible]	[illegible]
	D. — Appel de station	[illegible]
	E. — [illegible]	
	a) Relations [illegible] graphiques	[illegible]
	b) Relations entre stations [illegible] bureaux télégraphiques	XLVI
	F. — Réception [illegible]	XLVII à XLVIII
	G. — Accusé de réception	XLIX à L
	H. — Direction à donner aux radiotélégrammes	LI
	I. — Annulation d'un télégramme [illegible]	[illegible]
	K. — Appel [illegible] télégrammes	[illegible]
8	[illegible]	[illegible]
9	Télégrammes [illegible]	
	A. — Télégrammes [illegible]	[illegible]
	B. — Accusé de réception	[illegible]
	C. — Télégrammes [illegible]	[illegible]
	D. — Télégrammes [illegible]	[illegible]
	E. — Télégrammes [illegible]	[illegible]
	F. — Télégrammes [illegible]	[illegible]
	G. — Télégrammes [illegible]	[illegible]
10	[illegible]	[illegible]
11	[illegible]	[illegible]
[illegible]	[illegible]	[illegible]
[illegible]	[illegible]	[illegible]
[illegible]	[illegible]	
	A. — [illegible]	[illegible]
	B. — [illegible]	[illegible]
	[illegible]	[illegible]

INSTRUCTION

À L'USAGE

DES STATIONS RADIOTÉLÉGRAPHIQUES.

RENSEIGNEMENTS GÉNÉRAUX.

La présente Instruction contient les règles que doivent observer les stations françaises côtières et de bord pour l'exécution du service radiotélégraphique.

Ces règles visent notamment :

1° La taxation des radiotélégrammes par les stations de bord;

2° La transmission des correspondances entre les stations de bord et les stations côtières;

3° L'admission dans le service radiotélégraphique de diverses catégories de télégrammes spéciaux;

4° La comptabilité.

En outre de la présente Instruction, les stations radiotélégraphiques françaises possèdent la « Convention télégraphique internationale » et la « Convention radiotélégraphique internationale » ainsi que les Règlements qui leur sont annexés.

Ces actes fournissent les bases de l'exécution du service télégraphique et du service radiotélégraphique dans le régime international, régime qui est celui auquel sont soumises les correspondances radiotélégraphiques de toute nature, même lorsqu'elles sont échangées entre la France et un navire français, par l'intermédiaire d'une station française.

A titre de référence, les numéros des articles de ces deux Règlements se trouvent indiqués en tête des chapitres ou articles ou à la fin des paragraphes de la présente Instruction qu'ils concernent. Les lettres R. T. désignent le Règlement télégraphique international et les lettres R. R. le Règlement radiotélégraphique international.

En cas de demande de renseignements ou de contestation entre une station de bord et une station côtière, il y aura toujours lieu de se référer, selon le cas, à l'un ou à l'autre des Règlements précités.

Ces documents devront également être consultés et leurs dispositions appliquées dans les cas particuliers qui ne sont pas traités dans la présente Instruction.

Il va sans dire que le mot « télégramme » employé dans le Règlement télégraphique s'applique aux « radiotélégrammes ».

Les stations de bord françaises sont aussi munies du Tarif télégraphique utilisé dans la Métropole [1]. Outre divers renseignements sur le service télégraphique, ce document contient les taxes applicables par les différentes voies usuelles aux télégrammes déposés en France à destination de tous les pays reliés au réseau général.

Ce sont les taxes indiquées dans ce Tarif qui doivent entrer dans la composition des taxes perçues pour les radiotélégrammes transmis aux stations côtières françaises.

La présente Instruction sera désignée sous le nom d'Instruction S. F.

---

[1] Celles des navires faisant le service de l'Afrique septentrionale sont munies également du tarif en service en Algérie et en Tunisie.

1. — BUREAUX TÉLÉGRAPHIQUES ET STATIONS RADIOTÉLÉGRAPHIQUES

A. — BUREAUX TÉLÉGRAPHIQUES.

I

Les bureaux télégraphiques ouverts à l'échange de la correspondance sont indiqués à la « Nomenclature officielle des bureaux télégraphiques ».

Des notations spéciales, dont l'explication est donnée en tête de ce document, indiquent la nature de chaque bureau et les heures pendant lesquelles il est ouvert au service.

B. — STATIONS RADIOTÉLÉGRAPHIQUES.

II

Est appelée station côtière toute station radiotélégraphique établie sur terre ferme ou à bord d'un navire ancré à demeure et utilisée pour l'échange de la correspondance avec les navires en mer.

Toute station radiotélégraphique établie sur un navire autre qu'un bateau fixe est appelée station de bord.

III

(Art. V, R. R.)

1. — Les stations radiotélégraphiques sont indiquées à la « Nomenclature des stations radiotélégraphiques ».

Cette nomenclature donne pour chaque station les renseignements suivants :

1° *a*) Pour les stations côtières : le nom, la nationalité et la position géographique indiquée par la subdivision territoriale et par la longitude et la latitude du lieu;

b) Pour les stations de bord : le nom et la nationalité du navire; le cas échéant, le nom et l'adresse de l'exploitant;

2° L'indicatif d'appel (les indicatifs sont différenciés les uns des autres, et chacun est formé d'un groupe de trois lettres);

3° La portée normale;

4° Le système radiotélégraphique avec les caractéristiques du système d'émission (étincelles musicales, tonalité exprimée par le nombre de vibrations doubles, etc.);

5° Les longueurs d'onde utilisées (la longueur d'onde normale est soulignée);

6° La nature des services effectués;

7° Les heures d'ouverture;

8° Le cas échéant, l'heure et le mode d'envoi des signaux horaires et des télégrammes météorologiques;

9° La taxe côtière ou de bord.

2. — Le nom d'une station de bord indiqué à la première colonne de la Nomenclature est suivi, en cas d'homonymie, de l'indicatif d'appel de cette station.

3. — Les notations suivantes sont adoptées dans les documents à l'usage du service international pour désigner les stations radiotélégraphiques :

P. G. station ouverte à la correspondance publique générale;

P. R. station ouverte à la correspondance publique restreinte;

P. station d'intérêt privé;

O. station ouverte seulement à la correspondance officielle;

N. station ayant un service permanent;

X. station n'ayant pas de vacations déterminées.

IV

(Art. XIII, R. R.)

a) Stations côtières.

1. — Le service des stations côtières est, autant que possible, permanent, le jour et la nuit, sans interruptions. Toutefois, certaines stations côtières peuvent avoir un service de durée limitée.

2. — Les stations côtières dont le service n'est pas permanent ne peuvent prendre clôture avant d'avoir transmis tous leurs radiotélégrammes aux navires qui se trouvent dans leur rayon d'action et avant d'avoir reçu de ces navires tous les radiotélégrammes annoncés. Cette disposition est également applicable lorsque des navires signalent leur présence avant la cessation effective du travail.

b) Stations de bord.

1. — Les stations de bord sont classées en trois catégories;

1° Stations ayant un service permanent;

2° Stations ayant un service de durée limitée;

3° Stations n'ayant pas de vacations déterminées.

Pendant la navigation, doivent rester en permanence sur écoute : 1° les stations de la première catégorie; 2° celles de la deuxième catégorie, durant les heures de service; en dehors de ces heures, ces dernières stations doivent rester sur écoute les dix premières minutes de chaque heure. Les stations de la troisième catégorie ne sont astreintes à aucun service régulier d'écoute (art. XIII, § 3 R. R.).

2. — Le service radiotélégraphique de la station de bord est placé sous l'autorité supérieure du commandant du navire (art. X, § 4, R. R.).

2. — RÉDACTION ET DÉPÔT DES RADIOTÉLÉGRAMMES.

A. — DROIT DE CORRESPONDRE PAR LA RADIOTÉLÉGRAPHIE.

V

Il est permis à toute personne de correspondre par l'intermédiaire du réseau radiotélégraphique international.

L'expéditeur d'un télégramme privé est tenu d'établir son identité, lorsqu'il y est invité par le bureau ou la station d'origine.

B. — IRRESPONSABILITÉ DE L'ÉTAT.

VI

L'État n'est soumis à aucune responsabilité à raison du service de la correspondance privée radiotélégraphique.

C. — RÉDACTION.

(Art. XI, R. T.)

VII

1. — La minute du télégramme doit être écrite lisiblement, en caractères qui ont leur équivalent dans le tableau réglementaire des signaux télégraphiques et qui sont en usage dans le pays où le télégramme est présenté.

9. — Ces caractères sont les suivants :

Lettres :

A, B, C, D, E, F, G, H, I, J, K, L, M, N, O, P, Q, R, S, T, U, V, W, X, Y, Z, Ä, Á, Å, É, Ñ, Ö, Ü.

Chiffres :

1, 2, 3, 4, 5, 6, 7, 8, 9, 0.

Signes de ponctuation et autres :

Point (.), virgule (,), point et virgule (;), deux points (:), point d'interrogation (?), point d'exclamation (!), apostrophe ('), trait d'union ou tiret (—), parenthèses ( ), guillemets (»), barre de fraction (/), souligné.

Indications éventuelles et signes conventionnels :

Urgent	ou D
Accusé réception télégraphique (télégramme avec)	ou PC
Accusé réception télégraphique urgent (télégramme avec)	ou PCD
Accusé réception postal (télégramme avec)	ou PCP
Poste	—
Poste recommandée	ou PR
Ouvert	—
Mains propres	ou MP
Jour	—
Nuit	—
Téléphone	—
Télégraphe restant	ou TR
Poste restante	ou GP
Poste restante recommandée	ou GPR
X adresses	ou TMx
Communiquer toutes adresses	ou CTA
x jours	—
Réponse payée fr. x	ou RP fr. x
Collationnement	ou TC
Exprès	—
Exprès payé x	ou XPx
Exprès payé	ou XP
x Retransmissions télégraphe	—
x Retransmissions lettre	—

3. — Les diverses parties dont se compose un télégramme doivent être libellées dans l'ordre suivant :

1° Les indications éventuelles ; 2° l'adresse ; 3° le texte ; 4° la signature.

D. — INDICATIONS ÉVENTUELLES.

(Art. XII, R. T.)

VIII

1. — L'expéditeur doit écrire sur la minute et immédiatement avant l'adresse celles des indications éventuelles prévues par le Règlement dont il désire faire usage.

2. — L'expéditeur d'un télégramme multiple doit inscrire ces indications avant l'adresse de chaque destinataire qu'elles peuvent concerner ; toutefois, s'il s'agit d'un télégramme multiple urgent, il suffit que les indications relatives à l'urgence soient inscrites une seule fois et avant la première adresse.

3. — Les indications éventuelles peuvent être écrites sous la forme abrégée admise par le Règlement télégraphique. Dans ce cas, l'agent taxateur place chacune d'elles entre deux doubles traits : =. Lorsqu'elles sont exprimées en langage clair, elles doivent être écrites en français.

E. — ADRESSE.

a) Radiotélégrammes émanant des navires.

IX

(Art. XIII, R. T.)

1. — Toute adresse doit, pour être admise, contenir au moins deux mots : le premier désignant le destinataire, le second indiquant le nom du bureau télégraphique de destination.

2. — L'adresse doit comprendre toutes les indications nécessaires pour assurer la remise du télégramme au destinataire. Ces

indications doivent être écrites en français ou dans la langue du pays de destination ; toutefois, les noms ou prénoms sont acceptés tels que l'expéditeur les a libellés.

3. — L'adresse des télégrammes privés doit être telle que la remise au destinataire puisse avoir lieu sans recherches ni demandes de renseignements.

Elle doit, pour les grandes villes, faire mention de la rue et du numéro, ou, à défaut de ces indications, spécifier la profession du destinataire ou donner tous autres renseignements utiles.

Même pour les petites villes, le nom du destinataire doit être, autant que possible, accompagné d'une indication complémentaire capable de guider le bureau d'arrivée, en cas d'altération du nom propre.

4. — Lorsqu'un télégramme est adressé à une personne chez une autre, l'adresse doit comprendre, immédiatement après la désignation du véritable destinataire, l'une des mentions : « chez », « aux soins de » ou toute autre équivalente.

5. — Le nom du bureau télégraphique de destination doit être placé à la suite des indications de l'adresse qui servent à désigner le destinataire et, le cas échéant, son domicile. Il doit être écrit tel qu'il figure dans la première colonne de la Nomenclature officielle des bureaux. Ce nom ne peut être suivi que du nom de la subdivision territoriale ou de celui du pays, ou bien de ces deux noms. Dans ce dernier cas, c'est le nom de la subdivision territoriale qui doit suivre immédiatement celui du bureau destinataire.

6. — Lorsque le nom du bureau de destination n'est pas encore publié dans la Nomenclature officielle, l'expéditeur doit compléter l'adresse par la désignation du pays ou de la subdivision territoriale ou par tout autre renseignement qu'il juge suffisant pour l'acheminement de son télégramme qui, toutefois, n'est accepté qu'à ses risques et périls.

7. — L'adresse peut être écrite sous une forme conventionnelle ou abrégée. Toutefois, la faculté pour un destinataire de se faire remettre un télégramme dont l'adresse est ainsi formée est subordonnée à un arrangement entre ce destinataire et le bureau télégraphique d'arrivée.

8. — Les télégrammes adressés « poste restante » ou « télégraphe restant » sont acceptés avec une adresse composée, soit de lettres ou de chiffres, soit de lettres et de chiffres, lorsque l'Office destinataire admet ce genre d'adresses. Celles-ci sont admises en France, Algérie et Tunisie (consulter la station côtière pour les autres pays).

9. — Les télégrammes dont l'adresse ne satisfait pas aux conditions prévues dans les paragraphes 1 et 6 du présent article sont refusés.

10. — Dans tous les cas d'insuffisance de l'adresse, les télégrammes ne sont acceptés qu'aux risques et périls de l'expéditeur, si celui-ci persiste à en demander l'expédition ; il en est de même dans les cas prévus au paragraphe 8.

11. — Dans tous les cas, l'expéditeur supporte les conséquences de l'insuffisance de l'adresse.

b) **Radiotélégrammes à destination des navires.**

X

(Art. XV, R. R.)

L'adresse des radiotélégrammes destinés aux navires doit être aussi complète que possible. Elle est obligatoirement libellée comme suit :

a) Nom ou qualité du destinataire, avec indication complémentaire, s'il y a lieu ;

b) Nom du navire, tel qu'il figure dans la première colonne de la nomenclature ;

c) Nom de la station côtière, tel qu'il figure à la Nomenclature.

Toutefois, le nom du navire peut être remplacé, aux risques et périls de l'expéditeur, par l'indication du parcours effectué par ce navire et déterminé par les noms des ports d'origine et de destination ou par toute autre mention équivalente.

F. — TEXTE.

XI

1. — Les télégrammes sans texte sont admis (art. XIV, R. T.).

2. — Le texte des radiotélégrammes peut être rédigé en langage clair ou en langage secret, ce dernier se distinguant en langage convenu et en langage chiffré. Chacun de ces langages peut être employé seul ou conjointement avec les autres dans un même télégramme (art. VI, R. T.).

3. — Le texte peut également être rédigé à l'aide du Code international de signaux. La station radiotélégraphique ne traduit pas ce texte lorsque le télégramme doit être retransmis à un autre bureau télégraphique (art. XV, R. R.).

4. — Tous les offices acceptent, dans toutes leurs relations, les télégrammes en langage clair. Ils peuvent n'admettre ni au départ ni à l'arrivée les télégrammes privés rédigés totalement ou partiellement en langage secret, mais ils doivent laisser ces télégrammes circuler en transit, sauf le cas de suspension défini à l'article 8 de la Convention de Saint-Pétersbourg (art. VI, R. T.).

Les télégrammes en langage secret sont admis dans les relations avec la France, l'Algérie et la Tunisie. Pour les autres pays, voir le tarif télégraphique et consulter, le cas échéant, la station côtière.

XII

1. — Le langage clair est celui qui offre un sens compréhensible dans l'une ou plusieurs des langues autorisées pour la correspondance télégraphique internationale.

2. — Ces langues sont les suivantes :

Le français, l'albanais, l'allemand, l'ammonite, l'amaric, l'anglais, l'annamite (quocngu), l'arabe, l'arménien, le bohême (tchèque), le bulgare, le chinois, le croate, le danois, l'esclavonien, l'espagnol (castillan), le finnois, le flamand, le grec, l'hébreu, le hollandais (néerlandais), le hongrois, l'illyrique, l'islandais, l'italien, le japonais, le kisuahili, le laotien, le luganda, le luxembourgeois, le malais, le malgache, le norvégien, l'ouolof, le persan, le petit russe, le polonais, le portugais, le roumain, le routhène, le russe, le serbe, le siamois, le slovaque, le slovène, le suédois, le turc et le latin.

XIII

On entend par télégrammes en langage clair ceux dont le texte est entièrement rédigé en langage clair. Toutefois, la présence d'adresses conventionnelles, de marques de commerce, de cours de bourse, de lettres représentant les signaux du Code international, d'expressions abrégées d'un usage courant dans la correspondance usuelle ou commerciale comme fob, cif, caf, svp ou toute autre analogue, ne change pas le caractère d'un télégramme en langage clair (art. VII, R. T.).

XIV

(Art. VIII, R. T.)

1. — Le langage convenu est celui qui se compose de mots ne formant pas de phrases compréhensibles dans une ou plusieurs langues autorisées pour la correspondance télégraphique en langage clair.

2. — Les mots, qu'ils soient réels ou artificiels, doivent être formés de syllabes pouvant se prononcer selon l'usage courant d'une des langues allemande, anglaise, espagnole, française, hollandaise, italienne, portugaise ou latine. Les mots artificiels ne doivent pas contenir les lettres accentuées ä, å, á, é, ñ, ö, ü.

3. — Les mots du langage convenu ne peuvent avoir une longueur supérieure à dix caractères selon l'alphabet Morse, les combinaisons ae, aa, ao, oe, ue étant comptées chacune pour deux lettres. La combinaison ch est également comptée pour deux lettres dans les mots artificiels.

4. — Les combinaisons qui ne remplissent pas les conditions des deux paragraphes qui précèdent sont considérées comme appartenant au langage en lettres ayant une signification secrète et taxées en conséquence. Toutefois, celles qui seraient formées par la réunion de deux ou plusieurs mots du langage clair contraire à l'usage de la langue ne sont point admises.

XV

(Art. IX, R. T.)

1. — Le langage chiffré est celui qui est formé :

1° Soit de chiffres arabes, de groupes ou de séries de chiffres arabes ayant une signification secrète, soit de lettres (à l'exclusion des lettres accentuées ä, á, â, é, ñ, ö, ü), de groupes ou de séries de lettres ayant une signification secrète ;

2° De mots, noms, expressions ou réunions de lettres ne remplissant pas les conditions du langage clair (art. XII, XIII) ou du langage convenu (art. XIV).

2. — Le mélange, dans un même groupe, de chiffres et de lettres ayant une signification secrète n'est pas admis.

3. — Ne sont pas considérés comme ayant une signification secrète les groupes visés à l'article XIII.

G. — SIGNATURE.

XVI

La signature n'est pas obligatoire; elle peut être libellée par l'expéditeur sous une forme abrégée conforme à l'usage ou être remplacée par une adresse enregistrée (art. XIV, R. T.).

3. — TÉLÉGRAMMES D'ÉTAT.

(Art. XV, R. T.)

XVII

Les télégrammes d'État sont des télégrammes qui émanent du Chef de l'État, des Ministres, des Commandants en chef des forces de terre et de mer et des Agents diplomatiques ou consulaires des Gouvernements contractants. Les réponses à ces mêmes télégrammes sont considérées comme télégrammes d'État.

XVIII

1. — Les télégrammes d'État doivent être revêtus au moment de leur dépôt du sceau ou du cachet de l'autorité qui les expédie. Cette formalité n'est pas exigible lorsque l'authenticité du télégramme ne peut soulever aucun doute.

2. — Le droit d'émettre une réponse comme télégramme d'État est établi par la production du télégramme d'État primitif.

3. — Le texte des télégrammes d'État peut, dans toutes les relations, être rédigé en langage secret.

4. — Les télégrammes d'État qui ne remplissent pas les conditions visées aux articles XII, XIII, XIV et XV ne sont pas refusés; mais ils sont signalés par le bureau qui constate les irrégularités à l'Administration dont ce bureau relève.

5. — Les télégrammes d'État rédigés en langage clair donnent lieu à une répétition partielle obligatoire; ceux qui sont rédigés totalement ou partiellement en langage secret doivent être répétés intégralement et d'office par le bureau réceptionnaire.

4. — TÉLÉGRAMMES DE SERVICE, AVIS DE SERVICE ET AVIS DE SERVICE TAXÉS.

(Art. XVI et XVII, R. T.)

A. — DISPOSITIONS GÉNÉRALES.

XIX

1. — Les télégrammes de service se distinguent en télégrammes de service proprement dits et en avis de service.

2. — Ils sont transmis en franchise dans toutes les relations, hormis les cas spécifiés dans l'article ci-après au sujet des avis de service taxés.

3. — Ils doivent être limités aux cas qui présentent un caractère d'urgence et être libellés dans la forme la plus concise.

4. — Les renseignements qui ne présentent point un caractère d'urgence sont demandés ou donnés par la poste au moyen de lettres affranchies.

B. — TÉLÉGRAMMES DE SERVICE.

XX

1. — Les télégrammes de service proprement dits sont échangés entre les Administrations et les fonctionnaires qui y sont autorisés. Les dispositions de l'article XVIII, §§ 3, 4 et 5, sont applicables à ces télégrammes.

Ces télégrammes ne comportent pas de signature.

C. — AVIS DE SERVICE.

XXI

1. — Les avis de service sont échangés entre les bureaux télégraphiques; ils sont relatifs à l'exécution du service et ne comportent ni adresse ni signature.

La destination et l'origine de ces avis sont indiquées uniquement dans le préambule; celui-ci est rédigé comme suit : « A Lyon-Savoie Ouessant 673 (numéro de l'avis) 15 (date de dépôt) (suit la demande du bureau expéditeur).

2. — Ils sont échangés toutes les fois que des incidents de service le nécessitent, notamment lorsque les indications de service d'un télégramme déjà transmis ne sont pas régulières, lors de rectifications ou de renseignements relatifs à des télégrammes d'une série précédemment transmise; lorsqu'un télégramme ne peut pas être remis au destinataire (art. LIV), lorsque le bâtiment auquel est destiné un radiotélégramme n'a pu communiquer avec la station côtière dans les délais visés à l'article LV.

3. — Les avis de service relatifs à un télégramme précédemment transmis reproduisent toutes les indications propres à faciliter la recherche de celui-ci, notamment le numéro de dépôt, la date écrite en toutes lettres (le nom du mois n'est indiqué que s'il y a doute), le nom du destinataire et au besoin l'adresse complète.

4. — Les stations côtières doivent rapprocher les avis de service des télégrammes auxquels ils se rapportent afin d'effectuer, le cas échéant, les rectifications nécessaires.

D. — AVIS DE SERVICE TAXÉS.

(Art. XXXVIII R. R. et XVII R. T.)

XXII

1. — Les avis de service taxés sont des communications échangées de bureau à bureau à la demande d'un expéditeur ou d'un destinataire, après justification de leur qualité ou de leur identité.

Les avis de service taxés demandant une répétition ou un renseignement ne sont pas admis entre les stations côtières et de bord.

Toutefois, tous les avis de service taxés sont admis sur le parcours des lignes télégraphiques (art. XXXVIII, 7°, R. R.)

2. — Les avis de service taxés originaires des navires ou à destination des navires ne peuvent concerner que des rectifications à des radiotélégrammes précédemment transmis.

Le préambule de ces avis de service est rédigé comme celui des télégrammes privés, mais il est précédé de l'indice « ST ».

Les mots à rectifier dans un radiotélégramme sont désignés par le rang effectif qu'ils occupent dans le texte de ce radiotélégramme, abstraction faite des règles de la taxation.

Les exemples suivants indiquent la forme à donner à ces avis de service :

a) L'expéditeur veut compléter une adresse déclarée insuffisante ou rectifier l'adresse : ST Paris Savoie Ouessant 120 (numéro de dépôt de l'avis de service taxé à bord de la Savoie) 5 (nombre de mots) 4/5 (date) 10 h. 15 = 32, vingt-cinq Bernard (numéro, date du radiotélégramme en cause, nom du destinataire) remettez (ou lisez), . . (indiquer la rectification)

b) L'expéditeur veut rectifier un mot du texte primitif transmis ou compléter le texte : ST Londres Carthage Fort de l'eau 34 (numéro de dépôt de l'avis de service taxé à bord du Carthage) 8 (nombre de mots) 5/2 (date) 14 h. 30 = 17 treize Kriechbaum (numéro, date, nom du destinataire du radiotélégramme primitif) remplacer troisième 20 par 2000.

Les avis de service taxés sont soumis à la même taxe que les radiotélégrammes ordinaires transmis par la même voie; ils sont, autant que possible, dirigés par la voie qu'ont suivie les radiotélégrammes auxquels ils se rapportent.

La taxe est perçue sur l'expéditeur de l'avis de service taxé.

5. — COMPTE DES MOTS.

(Art. XVIII-XIX et XX, R. T.)

XXIII

1. — Tout ce que l'expéditeur écrit sur sa minute pour être transmis à son correspondant est taxé et, en conséquence, compris dans le nombre des mots.

Toutefois, les tirets qui ne servent qu'à séparer sur la minute les différents mots ou groupes d'un télégramme ne sont ni taxés ni transmis et les signes de ponctuation, apostrophes et traits d'union ne sont transmis et, par suite, taxés que sur la demande formelle de l'expéditeur.

Lorsque des signes de ponctuation, au lieu d'être employés isolément, sont répétés à la suite les uns des autres, ils sont taxés comme des groupes de chiffres.

2. — Le nom du bureau de départ, le numéro du télégramme, le quantième et l'heure de dépôt, les indications de voies et les mots, nombres ou signes qui constituent le préambule ne sont pas taxés. Ceux de ces renseignements qui parviennent au bureau d'arrivée figurent sur la copie remise au destinataire.

3. — L'expéditeur peut insérer ces mêmes indications, en tout ou partie, dans le texte de son télégramme. Elles entrent alors dans le compte des mots taxés.

XXIV

1. — Sont comptés pour un mot dans tous les langages :

1° En adresse :

a) Le nom du bureau télégraphique de destination (ou de la station cotière) écrit tel qu'il figure dans la première colonne de la Nomenclature officielle des bureaux et complété, le cas échéant, par les indications qui figurent également dans cette colonne;

b) Respectivement les noms de subdivisions territoriales ou de pays, s'ils sont écrits en conformité des indications de ladite Nomenclature ou de leurs autres dénominations telles qu'elles sont données dans sa préface;

2° Le nom du navire, tel qu'il figure dans la première colonne de la Nomenclature, quel que soit le nombre de lettres qu'il contient;

3° Tout mot convenu remplissant d'ailleurs les conditions fixées à l'article XIV;

4° Tout caractère, toute lettre, tout chiffre isolé, ainsi que tout signe de ponctuation, apostrophe ou trait d'union, transmis à la demande de l'expéditeur (art. XXIII, § 1);

5° Le souligné;

6° La parenthèse (les deux signes servant à la former);

7° Les guillemets (les deux signes placés au commencement et à la fin d'un seul et même passage);

8° Les indications éventuelles écrites sous la forme abrégée admise par le Règlement (art. VII).

2. — Lorsque les différentes parties de chacune des expressions taxées pour un mot et désignant :

1° Le bureau destinataire;

2° La subdivision territoriale;

3° Le pays de destination;

4° Le navire destinataire

ne sont pas groupées, l'agent taxateur les réunit entre elles.

3. — Dans les télégrammes dont le texte est rédigé exclusivement en langage clair, chaque mot simple et chaque groupe-

ment autorisé sont comptés respectivement pour autant de mots qu'ils contiennent de fois quinze caractères selon l'alphabet Morse, plus un mot pour l'excédent, s'il y a lieu.

4. — Dans le langage convenu, le maximum de longueur d'un mot est fixé à dix caractères comptés suivant les prescriptions du paragraphe 3 de l'article XIV.

Les mots en langage clair insérés dans le texte d'un télégramme mixte, c'est-à-dire composé de mots en langage clair et de mots en langage convenu, sont comptés pour un mot jusqu'à concurrence de dix caractères, l'excédent étant compté pour un mot par série indivisible de dix caractères. Si ce télégramme mixte comprend, en outre, un texte en langage chiffré, les passages en langage chiffré sont comptés conformément aux prescriptions du paragraphe 7 ci-après.

Si le télégramme mixte ne comprend que des passages en langage clair et des passages en langage chiffré, les passages en langage clair sont comptés suivant les prescriptions du paragraphe 3 du présent article et ceux en langage chiffré suivant les prescriptions du paragraphe 7 ci-après.

5. — L'adresse des télégrammes dont le texte est totalement ou partiellement rédigé en langage convenu est taxée d'après les prescriptions des paragraphes 1 et 3 du présent article. La signature est taxée selon ces mêmes prescriptions celles du 1° du paragraphe 1 exceptées.

6. — Les mots séparés par une apostrophe ou réunis par un trait d'union sont respectivement comptés comme des mots isolés.

7. — Les groupes de chiffres ou de lettres, les marques de commerce composées de chiffres et de lettres sont comptés pour autant de mots qu'ils contiennent de fois cinq chiffres ou lettres, plus un mot pour l'excédent. Chacune des combinaisons ae, aa, oe, ue et ch est comptée pour deux lettres.

Sont comptés pour un chiffre ou une lettre dans le groupe où ils figurent : les points, les virgules, les deux points, les tirets et les barres de fraction. Il en est de même de chacune des lettres ajoutées aux groupes de chiffres pour désigner les nombres ordinaux, ainsi que des lettres ou des chiffres ajoutés à un numéro d'habitation dans une adresse, même quand il s'agit d'une adresse figurant dans le texte ou dans la signature d'un télégramme,

8. — Les réunions ou altérations de mots contraires à l'usage de la langue ne sont pas admises; il en est de même lorsque les réunions ou altérations sont dissimulées au moyen du renversement de l'ordre des lettres ou des syllabes. Toutefois, les noms de villes et de pays; les noms patronymiques appartenant à une même personne; les noms de lieux, places, boulevards, rues et autres dénominations de voies publiques; les noms de navires; les nombres entiers, les fractions, les nombres décimaux ou fractionnaires écrits en toutes lettres et les mots composés admis à ce titre dans les langues anglaise et française et dont il peut être justifié, le cas échéant, par la production d'un dictionnaire, peuvent être respectivement groupés en un seul mot sans apostrophe ni trait d'union.

9. — Le compte des mots du bureau d'origine est décisif, au sujet des radiotélégrammes à destination des navires, et celui de la station de bord d'origine est décisif au sujet des radiotélégrammes originaires de navires, tant pour la transmission que pour les comptes internationaux. Toutefois, quand le radiotélégramme est rédigé totalement ou partiellement, soit dans une des langues du pays de destination, en cas de radiotélégrammes originaires de navires, soit dans une des langues du pays dont dépend le navire, s'il s'agit de radiotélégramme à destination de navires, et que le radiotélégramme contient des réunions ou des altérations de mots contraires à l'usage de cette langue, le bureau ou la station de bord de destination, suivant le cas, a la faculté de recouvrer sur le destinataire le montant de la taxe non perçue. S'il est fait usage de cette faculté, le télégramme n'est remis au destinataire qu'après payement de la taxe complémentaire. Dans le cas de refus de payement, un avis de service ainsi conçu est adressé au bureau de départ : « A. Wien Savoie Ouessant 5 h. 10. = N°. . . . . (nom du destinataire), ... (reproduire les mots réunis abusivement ou altérés) . . . . . . mots (indiquer pour combien de mots on aurait dû taxer) ». Si l'expéditeur, dûment avisé du motif de non-remise, consent à payer le complément, un avis de service ainsi conçu est adressé au bureau destinataire : A. Ouessant Savoie Wien 7 h. = N°. . . . . (nom du destinataire) complément perçu ». Dès la réception de cet avis de service, le bureau d'arrivée remet le télégramme.

Lorsqu'après taxation une station de bord reconnaît qu'un télégramme contient soit des réunions ou altérations de mots non admises, soit des expressions ou mots ne remplissant pas les conditions du langage clair ou convenu, et taxés comme

appartenant à ces langages, elle perçoit sur l'expéditeur le complément de taxe nécessaire. Les expressions ou mots visés ci-dessus sont traités suivant les règles auxquelles ils auraient dû être soumis et les réunions ou altérations sont comptées pour le nombre de mots qu'elles contiendraient si elles étaient écrites suivant l'usage. La station de bord procède de même, lorsque ces irrégularités lui sont signalées par un Office de transit ou par l'Office d'arrivée.

XXV

Les exemples suivants déterminent l'interprétation des règles à suivre pour compter les mots.

	NOMBRE DE MOTS dans L'ADRESSE.	NOMBRE DE MOTS dans LE TEXTE.
New York [1]	1	2
Newyork	1	1
Frankfurt Main [1]	1	2
Frankfurtmain	1	1
Sanct Poelten [1]	1	2
Sanctpoelten	1	1
Emmingen, Bz Hannover [1] [2]	1	3
Emmingen, Wurttenberg [1] [2]	1	2
New South Wales [1]	1	3
Newsouthwales	1	1
X P 2.50 (indication éventuelle écrite sous la forme abrégée)	1	—

	NOMBRE DE MOTS.
Van de brande	3
Vandebrande (nom de personne)	1
Du Bois	2
Dubois (nom de personne)	1
Belgrave Square	2
Belgravesquare (contraire à l'uage de la langue)	2
Hyde Park	2
Hydepark (contraire à l'usage de la langue)	2
Hydepark Square [3]	2
Hydeparksquare (contraire à l'usage de la langue)	2
Saint James Street	3

(1) Dans l'adresse, ces diverses expressions sont groupées par l'agent taxateur.

(2) Bz Hannover et Wurttenberg suivant Emmingen servent à compléter la désignation des deux bureaux homonymes et figurent ainsi à la première colonne de la Nomenclature officielle des bureaux télégraphiques.

(3) Dans ce cas, l'expression «Hydepark», en un seul mot, ne compte que pour un mot, parce que le mot «park» fait partie intégrante du nom du square.

	NOMBRE DE MOTS.
SaintJames Street	2
Rue de la Paix	4
Rue delapaix	2
Responsabilité (14 caractères)	1
Kriegsgeschichten (15 caractères)	1
Inconstitutionnalité (20 caractères)	2
Wie geht's (au lieu de wie geht es)	3
A-t-il	3
C'est-à-dire	4
Aujourd'hui	2
Aujourdhui	1
Porte-monnaie	2
Portemonnaie	1
Prince of Wales (navire)	3
Princeofwales (navire)	1
3/4 8 (4 caractères)	1
44 1/2 (5 caractères)	1
444 1/2 (6 caractères)	2
444,5 (5 caractères)	1
444,55 (6 caractères)	2
44/2 (4 caractères)	1
44/ (3 caractères)	1
2 °/o (4 caractères)	1
2 p °/o	3
2 o/oo (5 caractères)	1
2 p o/oo	3
54-58 (5 caractères)	1
17me (4 caractères)	1
Le 1529me (1 mot et 1 groupe de 6 caractères)	3
10 francs 50 centimes *ou* 10 fr. 50 c	4
Dixcinquante	1
10 fr. 50	3
Fr. 10.50	2
11 h 30	3
11.30	1
Huit/10	2
5/douzièmes	2
May/August	3
5 *bis* (numéro d'habitation)	1
15A (numéro d'habitation)	1
15-3 ou 15/3 (numéro d'habitation)	1
30^{a} (1)	3
15 X 6 (1)	4
Two hundred and thirty four	5
Twohundredandthirtyfour (23 caractères)	2
Troisdeuxtiers	1
Unneufdixièmes	1
Deux mille cent quatre-vingt-quatorze	6

(1) Les appareils télégraphiques ne peuvent reproduire des expressions telles que 30^{a}, 15×6, etc. Les expéditeurs doivent être invités à leur substituer la signification explicite : « 30 exposant *a* », « 15 multiplié par 6 », etc.

	NOMBRE DE MOTS.
Deuxmillecentquatrevingtquatorze (32 caractères)...	3
E..........	1
Emvtbf (6 caractères).........	2
Emvcbf (6 caractères).........	2
GHF (marque de commerce ou langage secret); un groupe de 3 caractères.........	1
G.H.F. (marque de commerce ou langage secret); un groupe de 6 caractères.........	2
AP/M (marque de commerce ou langage secret); un groupe de quatre caractères.........	1
G.H.F (sans point final) [marque de commerce ou langage secret]; un groupe de 5 caractères......	1
GHF 45 (marque de commerce); un groupe de 5 caractères.........	1
G.H.F.45 (marque de commerce); un groupe de 8 caractères.........	2
197a/199a (marque de commerce); un groupe de 9 caractères.........	2
3/M (marque de commerce); un groupe de 3 caractères.........	1
E M (lettres isolées, initiales de prénoms).........	2
EM (initiales de deux prénoms, réunies abusivement).........	2
L'affaire est urgente, partir sans retard (7 mots et 2 soulignés).........	9
Reçu de vos nouvelles indirectes (assez mauvaises) télégraphiez directement (9 mots et une parenthèse).........	10

6. — TARIFS ET TAXATION.

A. — RÉGIMES.

XXVI

Les radiotélégrammes de toute nature, même lorsqu'ils sont échangés entre la France et un navire français, par l'intermédiaire d'une station française, sont soumis *au régime international.*

Ce régime comprend le régime européen et le régime extra-européen. Toutefois, cette distinction est sans influence en ce qui concerne les règles auxquelles sont soumis les radiotélégrammes.

XXVII

1. — Les radiotélégrammes originaires des navires sont taxés au tarif correspondant à leur transmission à la station côtière la plus rapprochée.

Toutefois, l'expéditeur a le droit, sous réserve des dispositions de l'article LI, § 2, d'indiquer une autre station côtière par laquelle il désire que son radiotélégramme soit expédié en inscrivant sur la minute la mention correspondante. Exemple : « V. Ouessant » ; dans ce cas, la taxe est appliquée en tenant compte de ses indications.

2. — Pour les radiotélégrammes originaires des navires, la taxe télégraphique ordinaire est toujours calculée, si l'expéditeur n'a pas inscrit de mention de voie sur sa minute, d'après le tarif qui correspond à l'emploi de la voie normale à partir de la station côtière à laquelle le radiotélégramme doit être transmis.

3. — On entend par voie normale celle dont la taxe est la moins élevée.

4. — L'expéditeur qui veut prescrire la voie à suivre indique, sur sa minute, la formule correspondante.

B. — PERCEPTION DES TAXES.

XXVIII

1. — La taxe totale des radiotélégrammes comprend :

1° La taxe pour la transmission sur les lignes du réseau télégraphique calculée d'après les règles générales ;

2° La taxe afférente au parcours maritime, savoir :

a) La « taxe côtière » ;

b) La « taxe de bord » ;

3° Les taxes de transit des stations côtières ou de bord intermédiaires ;

4° Les taxes afférentes aux services spéciaux demandés par l'expéditeur (art. 10 de la Convention de Londres).

2. — Lorsqu'un radiotélégramme originaire d'un navire et à destination de la terre ferme transite par une ou deux stations de bord, la taxe comprend, outre celles du bord d'origine, de la station côtière et des lignes télégraphiques, la taxe de bord de chacun des navires ayant participé à la transmission.

3. — L'expéditeur d'un radiotélégramme originaire de la terre ferme et destiné à un navire peut demander que son message soit transmis par l'intermédiaire d'une ou de deux stations de bord; il verse à cet effet le montant des taxes radiotélégraphiques (taxe côtière et taxe de bord du navire destinataire) et télégraphiques et, dépose en outre, à titre d'arrhes, une somme à fixer par le bureau d'origine en vue du payement aux stations de bord intermédiaires des taxes de transit visées au paragraphe 2; il doit encore verser, à son choix, la taxe d'un télégramme de 5 mots ou le prix d'affranchissement d'une lettre à expédier par la station côtière au bureau d'origine pour donner les renseignements nécessaires à la liquidation des arrhes déposées.

Le radiotélégramme est alors accepté aux risques et périls de l'expéditeur; il porte avant l'adresse l'indication éventuelle taxée : « X retransmissions télégraphe » ou « X retransmissions lettre » (X représentant le nombre des retransmissions demandées par l'expéditeur), selon que l'expéditeur désire que les renseignements nécessaires à la liquidation des arrhes soient fournis par télégraphe ou par lettre.

Les stations de bord intéressées fournissent à la station côtière les renseignements nécessaires pour la liquidation des arrhes déposées pour le payement des taxes de transit. Dès que la station côtière possède ces renseignements, elle adresse au bureau d'origine un avis de service taxé, si la réponse doit être faite par télégraphe, qui affecte la forme suivante : ST Lyon Ouessant 40 (numéro de l'avis de service taxé) (nombre de mots) 43401 (numéro du radiotélégramme) 16 (date du radiotélégramme) percevoir francs 4f, 80.

Dans le cas où la réponse doit avoir lieu par la poste, la station côtière envoie ces renseignements par lettre au bureau d'origine.

4. — La taxe des radiotélégrammes originaires d'un navire, à destination d'un autre navire, et acheminés par l'intermédiaire d'une ou de deux stations côtières comprend :

Les taxes de bord des deux navires, la taxe de la station côtière ou des deux stations côtières selon le cas, et éventuellement la taxe télégraphique applicable au parcours entre les deux stations côtières.

5. — La taxe des radiotélégrammes échangés entre les navires, en dehors de l'intervention d'une station côtière, comprend les taxes de bord des navires d'origine et de destination augmentées, le cas échéant, des taxes de bord des stations intermédiaires.

6. — Les taxes de transit côtières ou de bord dues aux stations qui effectuent une retransmission sont les mêmes que celles fixées pour ces stations lorsque ces dernières sont stations d'origine ou de destination.

Toute station qui effectue la retransmission d'un radiotélégramme ne perçoit qu'une fois sa taxe de transit pour l'ensemble des opérations de réception et de transmission.

7. — Pour toute station côtière intermédiaire, la taxe à percevoir pour le service de transit est la plus élevée des taxes côtières afférentes à l'échange direct avec les deux navires en cause (art. XVII, R. R.).

Exemples : 1° Cas d'un radiotélégramme à retransmettre par la station des Saintes-Maries-de-la-Mer du « *Charles-Roux* » affecté au service régulier France-Algérie (taxe côtière 0f 15) au paquebot « *Plata* » (taxe côtière 0f 40). Il devra être perçu une taxe côtière de 0f 40 pour le transit à la station des Saintes-Maries-de-la-Mer, cette taxe étant la plus élevée des taxes côtières de cette station pour l'échange direct des radiotélégrammes avec les deux navires en question.

2° Cas d'un radiotélégramme originaire du « *Charles-Roux* », transmis à la station des Saintes-Maries-de-la-Mer (taxe côtière 0f 15) pour être retransmis au navire « *France* » par la station d'Ouessant (taxe côtière 0f 40). Il devra être perçu, comme taxe de transit, 0f 15 + 0f 40 = 0f 55.

3° Cas d'un radiotélégramme originaire du « *Plata* » transmis à la station des Saintes-Maries-de-la-Mer (taxe côtière 0f 40) pour être retransmis au navire « *France* » par la station d'Ouessant (taxe côtière 0f 40). Il devra être perçu, comme taxes de transit 0f 40 + 0f 40 = 0f 80.

XXIX

1. — La taxe totale des radiotélégrammes est perçue sur l'expéditeur,

à l'exception :

1° des frais d'exprès ;

2° des taxes applicables aux réunions ou altérations de mots non admises, constatées par le bureau ou la station de destination (art. XXIV, § 9, R. T.);

3° des cas visés à l'article XXX.

Les stations de bord doivent posséder à cet effet les tarifs utiles, c'est-à-dire ceux des pays avec lesquels elles sont susceptibles d'entrer normalement en relations. Les stations de bord ont d'ailleurs la faculté de se renseigner auprès des stations côtières au sujet de la taxation de radiotélégrammes pour lesquels elles ne possèdent pas toutes les données nécessaires.

2. — Les stations côtières signalent, en outre, le cas échéant, aux stations de bord les interruptions de voies, l'application de la censure, les retards à prévoir, etc., c'est-à-dire toutes les dispositions contenues dans les circulaires en vigueur et relatives à l'acheminement des correspondances sur le réseau.

3. — Les taxes sont perçues en monnaie française. Si la somme totale à percevoir pour chaque télégramme contient une fraction de demi-décime, cette somme est augmentée de la quantité nécessaire pour compléter le demi-décime.

4. — Lorsque la taxe est indiquée en monnaie étrangère (tarif étranger ou renseignements fournis par une station côtière étrangère), on opère la conversion en monnaie française à l'aide des équivalents indiqués au paragraphe 7 ci-après.

5. — Pour taxer un radiotélégramme, la station de bord commence par chercher dans la Nomenclature des stations radiotélégraphiques la taxe de la station côtiere à laquelle le télégramme doit être transmis et, le cas échéant, la taxe des stations de transit puis, dans le tarif correspondant la taxe à appliquer entre la station côtière et le pays de destination [1]; le cas échéant, cette dernière taxe est convertie en francs, comme il est indiqué ci-dessus.

Le total de la taxe de bord, de la taxe côtière, des taxes de transit et de la taxe ordinaire visée ci-dessus donne le tarif à appliquer par mot. Il est tenu compte des minimum de taxe ou

[1] En cas de besoin, le nom du pays de destination est déterminé au moyen de la nomenclature des bureaux télégraphiques où il figure en regard du nom du bureau d'arrivée.

des taxes fixes prévues par certains Offices ou par certaines stations radiotélégraphiques.

6. — Les taxes perçues en plus par erreur sont remboursées aux intéressés.

7. — L'équivalent du franc est de :

En Allemagne, 0,85 mark;
En Autriche, 1 couronne;
En Hongrie, 1 couronne;
Au Brésil, 640 reis, monnaie brésilienne;
En Bulgarie, 1 lèv;
Au Canada, 19 cents;
En Danemark, 0,80 krone;
Aux États-Unis d'Amérique, 19 cents;
En Espagne, 1 peseta, 9 centimes de peseta;
Dans la Grande-Bretagne, 9,6 pence;
Dans les Indes britanniques, 0,60 roupie;
Dans les Indes néerlandaises, 0,50 florin;
En Italie, 1 lire;
Au Japon, 0,40 yen;
Dans le Monténégro, 1 couronne;
En Norvège, 0,80 krone;
Dans les Pays-Bas, 0,50 florin;
En Portugal, 200 reis;
Dans la République Argentine, 20 centavos or;
En Roumanie, 1 leu;
En Russie, 0,25 rouble métallique;
En Suède, 0,80 krona;
En Turquie, 4 piastres 23 paras;
En Uruguay, 0,1866 peso.

XXX

Lorsque les stations côtières ou de bord *ne figurent pas à la Nomenclature des stations radiotélégraphiques*, il y a lieu d'appliquer les règles ci-après :

a) Radiotélégrammes originaires ou à destination de la France.

1° *Radiotélégramme à destination d'une station de bord relevant d'un pays contractant ou non contractant et transmis par une sta-*

tion côtière française, — Le bureau taxateur perçoit la taxe télégraphique ordinaire et la taxe côtière. Il introduit dans le prambule du radiotélégramme la mention de service non taxée : « percevoir taxe de bord », qui doit être transmise à la station de bord intéressée ;

2° *Radiotélégramme originaire d'une station de bord relevant d'un pays contractant et transmis à une station côtière française.* — Le radiotélégramme est accepté et acheminé dans les mêmes conditions qu'un radiotélégramme originaire d'une station de bord notifiée. Il est porté dans les comptes des radiotélégrammes échangés avec le pays auquel appartient le navire transmetteur;

3° *Radiotélégramme originaire d'une station de bord relevant d'un pays non adhérent et transmis à une station côtière française.* — Il y a lieu, dans ce cas, de percevoir sur le destinataire la taxe côtière et la taxe télégraphique ordinaire. Dans ce but, la station côtière inscrit avant l'adresse la mention de service non taxée : « Pcv...... fr....... » (montant des deux taxes susvisées).

b) Radiotélégrammes originaires ou à destination de l'étranger et transitant par une station côtière française.

1° *Radiotélégramme à destination d'une station de bord relevant d'un pays contractant ou non contractant.* — Le radiotélégramme est accepté, mais la taxe côtière seule est portée au débit de l'Office d'origine du radiotélégramme ;

2° *Radiotélégramme originaire d'une station de bord relevant d'un pays contractant.* — Le radiotélégramme est accepté, mais la taxe côtière et la taxe télégraphique sont portées par la station côtière au compte de l'Office dont relève le navire;

3° *Radiotélégramme originaire d'une station de bord relevant d'un pays non contractant.* — Le radiotélégramme est accepté, mais la taxe côtière et la taxe télégraphique ordinaire sont perçues sur le destinataire. A cet effet, la station côtière inscrit en préambule la mention de service : Pcv..... fr..... (montant des deux taxes susvisées).

XXXI

(Art. XXIX, R. T.)

1. — L'expéditeur d'un radiotélégramme a le droit d'en demander reçu avec mention de la taxe perçue.

2. — Le bureau d'origine a la faculté de percevoir, de ce chef, une rétribution à son profit, dans les limites de 25 centimes.

7. — TRANSMISSION DES TÉLÉGRAMMES.

A. — DISPOSITIONS D'ORDRE GÉNÉRAL.

XXXII

1. — Les stations côtières et les stations de bord sont tenues d'échanger réciproquement les radiotélégrammes sans distinction du système radiotélégraphique adopté par ces stations.

Chaque station de bord est tenue d'échanger les radiotélégrammes avec toute autre station de bord sans distinction du système radiotélégraphique adopté par ces stations (art. 3 de la Convention radiotélégraphique internationale).

2. — Les stations utilisent, pour l'échange de la correspondance publique générale, les longueurs d'onde fixées par les articles II, III et IV du Règlement radiotélégraphique international;

3. — Toutes les stations sont tenues d'éviter, autant que possible, les interférences avec les autres stations.

Elles doivent, autant que possible, échanger les radiotélégrammes de manière à ne pas troubler le service d'autres stations.

4. — Toutes les stations sont tenues d'échanger le trafic avec *le minimum de dépense d'énergie* nécessaire pour assurer une bonne communication (art. VII, R. R.).

5. — En ce qui concerne les stations de bord, la puissance transmise à l'appareil radiotélégraphique, mesurée aux bornes de la génératrice, ne doit pas dépasser 1 kilowatt, sauf les exceptions prévues à l'article VIII du Règlement radiotélégraphique international.

6. — L'échange de signaux et de mots superflus est interdit. Des essais et des exercices ne sont tolérés dans ces stations qu'autant qu'ils ne troublent point le service d'autres stations; les exercices doivent être effectués avec des longueurs d'onde différentes de celles admises pour la correspondance publique générale et avec le minimum de puissance nécessaire (art. VI, R. R.).

XXXIII

En cas d'infraction aux dispositions de la Convention et du Règlement radiotélégraphique international, la station, côtière ou de bord, qui la constate signale le fait dans un rapport détaillé adressé à l'Ingénieur chargé du Service de la télégraphie sans fil, par l'intermédiaire, le cas échéant, du Ministère ou de la Compagnie de navigation dont elle relève.

B. — SIGNAUX DE TRANSMISSION.

(Art. XXXI, R. T.)

XXXIV

Les tableaux ci-dessous indiquent les signaux du code Morse employés dans le service.

Lettres.

Espacement et longueur des signes.	1° Une barre est égale à 3 points. 2° L'espace entre les signaux d'une même lettre est égal à un point. 3° L'espace entre deux lettres est égal à trois points. 4° L'espace entre deux mots est égal à cinq points.

LETTRES.	SIGNAUX.	LETTRES.	SIGNAUX.	LETTRES.	SIGNAUX.
a	· —	*h*	· · · ·	*q*	— — · —
ä	· — · —	*i*	· ·	*r*	· — ·
á ou *à*	· — — · —	*j*	· — — —	*s*	· · ·
b	— · · ·	*k*	— · —	*t*	—
c	— · — ·	*l*	· — · ·	*u*	· · —
ch	— — — —	*m*	— —	*ü*	· · — —
d	— · ·	*n*	— ·	*v*	· · · —
e	·	*ñ*	— — · — —	*w*	· — —
é	· · — · ·	*o*	— — —	*x*	— · · —
f	· · — ·	*ö*	— — — ·	*y*	— · — —
g	— — ·	*p*	· — — ·	*z*	— — · ·

Chiffres.

CHIFFRES.	SIGNAUX.	CHIFFRES.	SIGNAUX.	CHIFFRES.	SIGNAUX.
1	· — — — —	*5*	· · · · ·	*9*	— — — — ·
2	· · — — —	*6*	— · · · ·	*0*	— — — — —
3	· · · — —	*7*	— — · · ·		
4	· · · · —	*8*	— — — · ·		

Dans les répétitions d'office et dans le préambule des télégrammes, les chiffres doivent être rendus au moyen des signaux suivants dont il peut aussi être fait usage dans le texte des télégrammes ne comportant que des chiffres. Les télégrammes doivent, dans ce cas, porter la mention de service « en chiffres ».

CHIFFRES.	SIGNAUX.	CHIFFRES.	SIGNAUX.	CHIFFRES.	SIGNAUX.
1	· —	*5*	· · · · ·	*9*	— ·
2	· · —	*6*	— · · · ·	*0*	—
3	· · · —	*7*	— · · ·		
4	· · · · —	*8*	— · ·		

Signes de ponctuation et autres.

PONCTUATION et INDICATIONS.	SIGNAUX.	PONCTUATION et INDICATIONS.	SIGNAUX.
Point........(.)	· · · · · ·	Souligné (avant et après les mots ou le membre de phrase).......	· · — — · —
Point et virgule.(;)	— · — · — ·	Appel (préliminaire de toute transmission)...	— · — · —
Virgule.......(,)	· — · — · —	Double trait...(=)	— · · · —
Deux points...(:)	— — — · · ·	Compris........	· · · — ·
Point d'interrogation ou demande d'une transmission non comprise......(?)	· · — — · ·	Erreur..........	· · · · · · · ·
Point d'exclamation.........(!)	— — · · — —	Croix........(+)	· — · — ·
Apostrophe....(')	· — — — — ·	Invitation à transmettre........	— · —
Trait d'union ou tiret.......(-)	— · · · · —	Attente.........	· — · · ·
Barre de fraction (/)	— · · — ·	Fin de travail....	· · · — · —
Parenthèses (avant et après les mots).......( )	— · — — · —	Signal de détresse (répété à de courts intervalles)..........	· · · — — — · · ·
Guillemets (avant et après chaque mot ou chaque passage mis entre guillemets..(« »)	· — · · — ·		

Pour transmettre les nombres fractionnaires, on doit, afin d'éviter toute confusion possible, transmettre la fraction en la faisant précéder du double trait. (=).

Exemples : pour 1 1/16, on transmettra 1 = 1/16, afin qu'on ne lise pas 11/16; pour 99 27/4, on transmettra 99 = 27/4 afin qu'on ne lise pas 992 7/4.

C. — ORDRE DE TRANSMISSION.

a) Appels de détresse.

XXXV

1. — Dès qu'une station perçoit le signal de détresse, ▬ ▬ ▬ ▬ ▬ ▬ ▬ ▬ ▬ ▬ elle doit suspendre toute correspondance et ne la reprendre qu'après avoir acquis la certitude que la communication, motivée par l'appel de secours, est terminée (art. XXI, R. R.).

2. — Toutes les stations radiotélégraphiques sont tenues d'accepter par priorité absolue les appels de détresse provenant des navires, de répondre de même à ces appels, sauf l'exception prévue au paragraphe 3 ci-après et d'y donner la suite qu'ils comportent (art. 9 de la Convention radiotélégraphique internationale).

Les stations qui perçoivent un appel de détresse doivent se conformer aux indications données par le navire qui fait l'appel, en ce qui concerne l'ordre des communications ou leur cessation (art. XXI, R. R.).

3. — Dans le cas où le navire en détresse ajoute, à la fin de la série de ses appels de secours, l'indicatif d'appel d'une station déterminée, la réponse à l'appel n'appartient qu'à cette dernière station, à moins que celle-ci ne réponde pas. A défaut de l'indication d'une station déterminée dans l'appel de secours, chaque station qui perçoit cet appel est tenue d'y répondre (art. XXI, R. R.).

b) Télégrammes.

XXXVI

(Art. XXXII, R. T.)

1. — La transmission des télégrammes a lieu dans l'ordre suivant :

a) Télégrammes d'État;

b) Télégrammes de service;
c) — privés urgents;
d) — privés non urgents.

2. — Tout bureau qui reçoit un télégramme, présenté comme télégramme d'État ou de service, le réexpédie comme tel.

XXXVII

(Art. XXXIII, R. T.)

1. — Une transmission commencée ne peut être interrompue pour faire place à une communication d'un rang supérieur qu'en cas d'urgence absolue.

2. — Les télégrammes de même rang sont transmis par les bureaux de départ dans l'ordre de leur dépôt et par les bureaux intermédiaires dans l'ordre de leur réception.

3. — Deux stations en relation directe échangent les télégrammes dans l'ordre alternatif, en tenant compte des prescriptions de l'article XXXVI ou par séries de plusieurs radiotélégrammes suivant l'indication de la station côtière, à la condition que la durée de la transmission de chaque série ne dépasse pas quinze minutes (art. XXIII, R. R.).

4. — Les télégrammes d'une même série sont considérés comme formant une seule transmission.

Toutefois, les télégrammes reçus ne sont pas conservés à l'appareil jusqu'à la fin de la série, et il est donné cours à chaque télégramme régulier dès que le deuxième télégramme venant après lui est commencé.

XXXVIII

(Art. XXXIV, R. T.)

1. — Un télégramme de rang supérieur comme ordre de transmission ne compte pas dans l'alternat.

2. — Le bureau qui vient d'effectuer une transmission est en droit de continuer lorsqu'il survient un télégramme auquel la priorité est accordée sur ceux que le correspondant a à transmettre, à moins que ce dernier n'ait à donner la répétition d'un télégramme d'État ou n'ait déjà commencé sa transmission.

3. — Dans le cas où l'échange des transmissions a lieu alternativement, lorsqu'un bureau a terminé sa transmission, le bureau qui vient de recevoir transmet à son tour; s'il n'a rien à transmettre, l'autre continue. Si, de part et d'autre, il n'y a rien à transmettre, les bureaux donnent le signal de fin de travail.

D. — APPEL DES STATIONS.

XXXIX

(Art. XXIV, R. R.)

1. — Toute correspondance entre deux stations commence par le signal d'appel.

2. — En règle générale, c'est la station de bord qui appelle la station côtière, qu'elle ait ou non à transmettre des radiotélégrammes (art. XXIV R. R.).

3. — Dans les eaux où le trafic radiotélégraphique est intense (la Manche, etc.), l'appel d'un navire à une station côtière ne peut, en règle générale, s'effectuer que si cette dernière se trouve dans la portée normale de la station de bord et lorsque celle-ci arrive à une distance inférieure à 75 pour 100 de la portée normale de la station côtière.

4. — Avant de procéder à un appel, la station côtière ou la station de bord doit régler, le plus sensiblement possible, son système récepteur et s'assurer qu'aucune autre communication ne s'effectue dans son rayon d'action; s'il en est autrement, elle attend la première suspension, à moins qu'elle ne reconnaisse que son appel n'est pas susceptible de troubler les communications en cours. Il en est de même dans le cas où elle veut répondre à un appel.

5. — Pour l'appel, toute station fait emploi de l'onde normale de la station à appeler.

6. — Si, malgré ces précautions, un échange radiotélégraphique public est entravé, l'appel doit cesser à la première demande d'une station côtière ouverte à la correspondance publique. Cette station doit alors indiquer la durée approximative de l'atente.

7. — La station de bord doit faire connaître à chaque station côtière à laquelle elle a signalé sa présence le moment où elle se propose de cesser ses opérations, ainsi que la durée probable de l'interruption.

XL

1. — L'appel comporte le signal — · — · —, l'indicatif répété trois fois de la station appelée, le mot « de » suivi de l'indicatif de la station expéditrice répété trois fois (art. XXV, R. R.).

2. — La station appelée répond en donnant le signal — · — · —, suivi de l'indicatif répété trois fois de la station correspondante, du mot « de », de son indicatif et du signal — · — (art. XXV, R. R.).

3. — Les stations qui désirent entrer en communication avec des navires, sans cependant connaître les noms de ceux qui se trouvent dans leur rayon d'action, peuvent employer le signal — · — ·   — — · — (signal de recherche). Les dispositions des paragraphes 1 et 2 sont également applicables à la transmission du signal de recherche et à la réponse à ce signal (art. XXV, 3, R. R).

4. — Toute station qui doit effectuer une transmission nécessitant l'emploi d'une grande puissance émet d'abord trois fois le signal d'avertissement — — · · — —, avec la puissance minima nécessaire pour atteindre les stations voisines. Elle ne commence ensuite à transmettre avec la grande puissance que 30 secondes après l'envoi du signal d'avertissement (art. XXVII, R. R.).

XLI

Si une station appelée ne répond pas à la suite de l'appel (art. XXXIX) répété trois fois à des intervalles de deux minutes, l'appel ne peut être repris qu'après un intervalle de quinze minutes, la station faisant l'appel s'étant d'abord assurée qu'aucune communication radiotélégraphique n'est en cours (art. XXVI, R. R.),

XLII

(Art. XXVIII, R. R.)

1. — Aussitôt que la station côtière a répondu, la station de bord lui fournit les renseignements qui suivent si elle a des messages à lui transmettre; ces renseignements sont également donnés lorsque la station côtière en fait la demande :

a) La distance approximative, en milles nautiques, du navire à la station côtière;

b) La position du navire indiquée sous une forme concise et claire et adaptée aux circonstances respectives;

c) Le prochain port auquel touchera le navire;

d) Le nombre de radiotélégrammes, s'ils sont de longueur normale, ou, le nombre de mots, si les messages ont une longueur exceptionnelle.

La vitesse du navire en milles nautiques est indiquée spécialement à la demande expresse de la station côtière.

2. — La station côtière répond en indiquant soit le nombre de radiotélégrammes, soit le nombre de mots qu'elle a à transmettre au navire, ainsi que l'ordre de transmission.

3. — Si la transmission ne peut avoir lieu immédiatement, la station côtière fait connaître à la station de bord la durée approximative de l'attente.

4. — Si une station de bord appelée ne peut momentanément recevoir, elle informe la station appelante de la durée approximative de l'attente.

5. Dans les échanges entre deux stations de bord, il appartient à la station appelée de fixer l'ordre de transmission.

XLIII

1. — Lorsqu'une station côtière est saisie d'appels provenant de plusieurs stations de bord, la station côtière décide de l'ordre dans lequel les stations de bord seront admises à échanger leur correspondances.

Pour régler cet ordre, la station côtière s'inspire uniquement de la nécessité de permettre à toute station intéressée d'échanger le plus grand nombre possible de radiotélégrammes (art. XXIX, R. R.).

2. — On ne doit ni refuser ni retarder un télégramme si les indications de service, les indications éventuelles ou certaines parties de l'adresse ou du texte ne sont pas régulières. Il faut le recevoir et puis en demander, au besoin, la régularisation au bureau d'origine par un avis de service, conformément aux dispositions de l'article XXI (art. XXXV, R. T.).

E. — RÈGLES DE TRANSMISSION.

a) Relations entre stations radiotélégraphiques.

XLIV

1. — Avant de commencer l'échange de la correspondance, la station côtière fait connaître à la station de bord si la transmission doit s'effectuer dans l'ordre alternatif ou par séries (art. XXXVI); elle commence ensuite la transmission ou fait suivre ces indications du signal ▬ ▬ ▬ (invitation à transmettre) (art. XXX, R. R.).

2. — La transmission du radiotélégramme est précédée du signal ▬ ▬ ▬ ▬ ▬ .

La station procède ensuite à la transmission du préambule dans l'ordre suivant :

a) Mention de service « RADIO »;

b) Nature du télégramme au moyen d'une des mentions S, A, D, suivant qu'il s'agit d'un télégramme d'État, d'un télégramme ou d'un avis de service, d'un télégramme privé urgent;

c) La lettre B mais seulement lorsque la station correspond directement avec la station destinataire;

d) Désignation du bureau d'origine ou de la station de bord;

e) Numéro du télégramme;

f) Nombre de mots taxés ;

g) Dépôt du télégramme par deux groupes de chiffres, indiquant le premier, le quantième du mois et le second, l'heure et les minutes.

Les stations du bord indiquent l'heure de dépôt au moyen des chiffres de 0 à 24 ;

h) Voie à suivre (quand l'expéditeur l'a indiquée sur sa minute) ;

i) Mentions de service (art. XXXVI, R. T.).

3. — A la suite du préambule, on transmet successivement les indications éventuelles, l'adresse, le texte et la signature (art. XXXVI, R. T.).

4. — Le double trait (— - - - —) est transmis pour séparer le préambule des indications éventuelles, les indications éventuelles entre elles, les indications éventuelles de l'adresse, les différentes adresses d'un télégramme multiple entre elles, l'adresse du texte et le texte de la signature (art. XXXVI, R. T.).

5. — La transmission est terminée par le signal · — · — · suivi de l'indicatif de la station expéditrice et du signal — · —.

6. — Dans le cas d'une série de radiotélégrammes, l'indicatif de la station expéditrice et le signal — · — ne sont donnés qu'à la fin de la série (art. XXXI, R. R.).

XLV

1. — Lorsque le radiotélégramme à transmettre contient plus de 40 mots, la station expéditrice interrompt la transmission après chaque série de 20 mots environ par un point d'interrogation · · — — · · et elle ne reprend la transmission qu'après avoir obtenu de la station correspondante la répétition du dernier mot bien reçu suivi d'un point d'interrogation ou, si la réception est bonne, le signal — · — (art. XXXII, R. R.).

2. — Si l'employé qui transmet s'aperçoit qu'il s'est trompé, il s'interrompt par le signal d'erreur, répète le dernier mot bien transmis et continue la transmission rectifiée (art. XXXVI, § 4, R. T.).

3. — Dans le cas de transmission par séries, l'accusé de réception est donné après chaque radiotélégramme (art. XXXII, R. R.).

4. — Les stations côtières occupées à transmettre de longs radiotélégrammes doivent suspendre la transmission à la fin de chaque période de 15 minutes, et rester silencieuses pendant une durée de 3 minutes avant de continuer la transmission (art. XXXII, R. R.).

5. — Les stations côtières et de bord qui travaillent dans les conditions prévues à l'article L, § 2, doivent suspendre le travail à la fin de chaque période de 15 minutes et faire l'écoute sur la longueur d'onde de 600 mètres pendant une durée de 3 minutes avant de continuer la transmission (art. XXXII, R. R.).

6. — Pour donner ou demander des renseignements concernant le service radiotélégraphique, les stations doivent, le cas échéant, faire usage des signaux prévus dans la liste annexée à la présente Instruction (art. XXII, R. R.).

b) Relations entre les stations côtières et les bureaux télégraphiques.

XLVI

1. — Les stations côtières, dans leurs relations avec les bureaux télégraphiques appliquent pour la transmission du préambule les dispositions qui précèdent, en tenant compte des modifications suivantes :

Pour les télégrammes originaires des bateaux, la station côtière inscrit comme indication du bureau d'origine le nom du navire d'origine tel qu'il figure à la Nomenclature et aussi, le cas échéant, celui du dernier navire qui a servi d'intermédiaire.

Ces indications sont suivies du nom de la station côtière (art. XIV, R. R.).

2. — La mention « RADIO » doit toujours être transmise en tête du préambule.

F. — RÉCEPTION ET RÉPÉTITION D'OFFICE.

(Art. XXXVII, R.T.)

XLVII

1. — Aussitôt après la transmission, l'employé qui a reçu compare, pour chaque télégramme, le nombre des mots reçus au nombre annoncé. Quand le nombre des mots est donné sous forme de fraction, cette comparaison ne porte que sur le nombre de mots et de groupes existant réellement, indépendamment du nombre de mots taxés.

Si l'employé constate une différence entre le nombre de mots qui lui est annoncé et celui qu'il reçoit, il la signale à son correspondant en indiquant le nombre de mots reçus, et répète la première lettre de chaque mot et le premier chiffre de chaque nombre (*exemple :* 17 j c r b 2 d. . ., etc. . .). Si l'agent transmetteur s'est simplement trompé dans l'annonce du nombre de mots, il répond : « Admis » et indique le nombre réel de mots (*exemple :* 17 admis); sinon, il rectifie le passage reconnu erroné d'après les initiales reçues.

2. — Lorsque cette différence ne provient pas d'une erreur de transmission, la rectification du nombre de mots annoncé ne peut se faire que d'un commun accord entre le bureau d'origine et le bureau correspondant. Faute de cet accord, le nombre de mots annoncé par le bureau d'origine est admis.

XLVIII

1. — Les employés peuvent, pour mettre leur responsabilité à couvert, donner ou exiger la répétition partielle ou intégrale des télégrammes qu'ils ont transmis ou reçus [1].

2. — La répétition partielle est obligatoire pour les télégrammes d'État en langage clair; elle comprend tous les nombres, ainsi que les noms propres et, le cas échéant, les mots douteux. La répétition d'office se fait par l'employé qui a reçu.

---

(1) Il ne doit être fait usage de cette faculté qu'en cas de nécessité réelle de manière à ne pas entraver le service.

L'employé qui donne cette répétition doit, s'il y a rectification, reproduire les mots ou nombres rectifiés. En cas d'omission, cette seconde répétition est exigée par l'employé qui a transmis.

3. — Quand on donne la répétition des nombres suivis de fractions, on doit, afin d'éviter toute confusion possible, répéter la fraction en la faisant précéder du double trait (=).

Exemples : Pour 1 1/16, on transmettra dans la répétition 1 = 1/16, afin qu'on ne lise pas 11/16; pour 99 27/4, on transmettra 99 = 27/4, afin qu'on ne lise pas 992 7/4.

4. — Cette répétition ne peut être retardée ni interrompue sous aucun prétexte, sauf dans le cas où la station intéressée perçoit des signaux de détresse.

G. — ACCUSÉ DE RÉCEPTION.

XLIX

1. — Après la vérification du nombre de mots et, le cas échéant, la répétition d'office, le bureau qui a reçu donne à celui qui a transmis l'accusé de réception du télégramme [1].

Cet accusé de réception est donné par R suivi de l'indication du numéro du télégramme reçu « R 236 » (art. XXXIX, R.T).

Cet accusé de réception est précédé de l'indicatif de la station transmettrice et suivi de l'indicatif de la station réceptrice.

2. — La fin du travail entre deux stations est indiquée par chaque station au moyen du signal ▬ ▬ ▬ ▬ ▬ ▬ suivi de son indicatif (art. XXXIV, R. R.).

3. — Dans le cas de transmission par séries, l'accusé de réception est donné après chaque radiotélégramme (art. XXXII, R. R.).

L

(Art. XXXIII, R. R.)

1. — Lorsque, dans les échanges entre stations radiotélégraphiques, les signaux deviennent douteux, il importe d'avoir

(1) Il est recommandé de ne porter, sur les originaux ou sur les copies de passage, les indications relatives à la transmission qu'après avoir reçu l'accusé de réception.

recours à toutes les ressources possibles pour l'achèvement de la transmission. A cet effet, le radiotélégramme est répété, à la demande de la station réceptrice, sans toutefois dépasser trois répétitions. Si, malgré cette triple transmission, les signaux sont toujours illisibles, le radiotélégramme est annulé. Si l'accusé de réception n'est pas reçu, la station transmettrice appelle de nouveau la station correspondante. Si aucune réponse n'est faite après trois appels, la transmission n'est pas poursuivie. Dans ce cas, la station transmettrice peut demander l'accusé de réception par l'intermédiaire d'une autre station en utilisant, le cas échéant, les lignes du réseau télégraphique.

2. — Si la station réceptrice juge que, malgré une réception défectueuse, le radiotélégramme peut être remis, elle inscrit la mention de service : « Réception douteuse » à la fin du préambule et donne cours au radiotélégramme.

H. — DIRECTION À DONNER AUX RADIOTÉLÉGRAMMES.

LI

1. — En principe, la station de bord transmet ses radiotélégrammes à la station côtière la plus rapprochée.

Cependant, si la station de bord peut choisir entre plusieurs stations côtières se trouvant à distances égales, ou à peu près égales, elle donne la préférence à celle qui est établie sur le territoire du pays de destination ou de transit normal de ses radiotélégrammes (art. XXXV, 1, R. R.).

2. — Toutefois, si l'expéditeur a indiqué la station côtière par laquelle il désire que son radiotélégramme soit expédié, la station de bord attend jusqu'à ce que cette station côtière soit la plus rapprochée.

Exceptionnellement la transmission peut s'effectuer à une station côtière plus éloignée, pourvu que :

a) Le radiotélégramme soit destiné au pays où est située cette station côtière et émane d'un navire dépendant de ce pays;

b) Pour les appels et la transmission, les deux stations utilisent une longueur d'onde de 1,800 mètres;

c) La transmission par cette longueur d'onde ne trouble pas une transmission effectuée, au moyen de la même longueur d'onde, par une station côtière plus rapprochée;

d) La station de bord se trouve à une distance de plus de 50 milles nautiques de toute station côtière indiquée dans la Nomenclature. La distance de 50 milles peut être réduite à 25 milles sous la réserve que la puissance maxima aux bornes de la génératrice n'excède pas 5 kilowatts et que les stations de bord soient établies en conformité des articles VII et VIII, R.R. Cette réduction de distance n'est pas applicable dans les mers, baies ou golfes dont les rives appartiennent à un seul pays et dont l'ouverture sur la haute mer a moins de 100 milles (art. XXXV, R. R.).

3. — Lorsque l'expéditeur a prescrit la voie à suivre sur le réseau télégraphique, les bureaux intéressés sont tenus de se conformer à ses indications (art. XLI, § 3, R. T.).

I. — ANNULATION D'UN TÉLÉGRAMME SUR LA DEMANDE DE L'EXPÉDITEUR.

(Art. XLIV, R.T.)

LII

1. — L'expéditeur d'un télégramme peut, en justifiant de sa qualité, en arrêter la transmission, s'il en est encore temps.

2. — Lorsqu'un expéditeur annule son télégramme avant que la transmission en ait été commencée, la taxe est remboursée, sous déduction d'un droit de vingt-cinq centimes (0 fr. 25), au maximum, au profit de la station de bord, si le radiotélégramme a été déposé à bord d'un navire.

3. — En ce qui concerne les télégrammes à destination des navires, si le télégramme a été transmis par le bureau d'origine, l'expéditeur ne peut en demander l'annulation que par un avis de service taxé, émis dans les conditions prévues à l'article XVII du Règlement télégraphique international et adressé à la station côtière destinataire. Autant que possible, cet avis de service est successivement transmis aux bureaux auxquels le télégramme primitif a été transmis, jusqu'à la station côtière.

Si la station côtière a transmis le radiotélégramme au navire ou si elle a pu l'annuler avant transmission, elle en informe le bureau d'origine. Cette information a lieu par télégraphe si l'expéditeur a payé une réponse télégraphique à l'avis d'annulation; dans le cas contraire, elle est envoyée par la poste comme lettre affranchie.

K. — ARRÊT DES TÉLÉGRAMMES.

LIII

Les dispositions applicables à l'arrêt des radiotélégrammes sont celles qui sont visées à l'article XLV du Règlement télégraphique international.

A bord des navires, le droit d'arrêter les radiotélégrammes n'appartient qu'au commandant.

8. — REMISE À DESTINATION.

LIV

(Art. XLVI, R.T.)

1. — L'expéditeur peut, suivant les renseignements qu'il possède, demander la remise par téléphone. Il doit inscrire avant l'adresse la mention « Téléphone ». La France, l'Algérie et la Tunisie acceptent ce mode de remise.

2. — Les télégrammes sont, dans tous les cas, remis ou expédiés à destination dans l'ordre de leur réception et de leur priorité.

3. — Les télégrammes portant la mention « Jour » ne sont pas distribués pendant la nuit; ceux qui sont reçus pendant la nuit ne sont obligatoirement distribués immédiatement que lorsqu'ils portent la mention « Nuit » ou que le bureau d'arrivée est en mesure de reconnaître qu'ils présentent un réel caractère d'urgence.

LV

(Art. XLVII, R.T.)

1. — Un télégramme peut être remis soit au destinataire, soit aux membres adultes de sa famille ou à toute personne à son service, à moins que le destinataire n'ait désigné par écrit, un délégué spécial ou que l'expéditeur n'ait demandé, en inscrivant avant l'adresse la mention « Mains propres » ou = MP =, que la remise n'ait lieu qu'entre les mains du destinataire seul. L'expéditeur peut demander aussi que le télégramme soit remis ouvert, en inscrivant avant l'adresse la mention « Ouvert ». Ces derniers modes de remise ne sont pas obligatoires pour les administrations de destination qui déclarent ne pas les accepter (voir le Tarif télégraphique).

2. — Lorsqu'un télégramme ne peut être remis, le bureau d'arrivée envoie, à bref délai, au bureau d'origine, un avis de service faisant connaître la cause de la non-remise et dont le texte est rédigé sous la forme suivante : = 425 quinze Delorme Parana Fortdeleau (numéro, date et adresse du télégramme textuellement conformes aux indications reçues) refusé, destinataire inconnu, débarqué, décédé, pas à bord, etc. Le cas échéant, cet avis est complété par l'indication du motif du refus (art. XIX).

3. — Le bureau d'origine vérifie l'exactitude de l'adresse et, si cette dernière a été dénaturée, il la rectifie sur le champ par avis de service affectant la forme suivante : N° 425 quinze (numéro et date du télégramme) pour . . . [adresse rectifiée]. Le cas échéant, cet avis de service contient les indications propres à redresser les erreurs commises, telles que : « faites suivre à destination, annulez télégramme, etc. . . ».

4. — Si l'adresse n'a pas été dénaturée, l'avis est réexpédié par la station côtière d'origine au navire expéditeur ou, si c'est impossible, à la dernière station de bord qui lui a transmis le télégramme primitif. Si cette réexpédition ne peut être faite directement par la station côtière d'origine, celle-ci achemine par fil l'avis de service sur une autre station côtière du même pays ou d'un pays voisin.

Dès qu'elle a reçu l'avis de non-remise, la station de bord intermédiaire rapproche cet avis du télégramme auquel il se rapporte ; si elle constate que l'adresse a été dénaturée, elle opère comme il est indiqué au paragraphe 3 ci-dessus; dans le cas contraire elle retransmet l'avis de service au navire d'origine qui, après vérification, le communique à l'expéditeur. Ce dernier ne peut compléter, rectifier ou confirmer l'adresse que par avis de service taxé.

S'il s'agit d'un radiotélégramme à destination d'une station de bord, cette station transmet, autant que possible, l'avis de non remise à la station côtière par laquelle a transité le radiotélégramme ou, le cas échéant, à une autre station côtière du même pays ou d'un pays voisin (art. XXXVI, R. R.).

5. — Si, après l'envoi de l'avis de non-remise, le télégramme est réclamé par le destinataire, ou si le bureau de destination peut remettre le télégramme sans avoir reçu l'un des avis rectificatifs prévus par les paragraphes 3 et 4 ci-dessus, il transmet au bureau d'origine un second avis de service rédigé dans la forme suivante : 29 onze (numéro et quantième) Mirane (nom du destinataire) réclamé ou remis.

L'avis de remise est communiqué à l'expéditeur si ce dernier a reçu notification de la non-remise.

6. — Tout télégramme à destination d'un navire qui n'a pu être délivré au destinataire est versé aux archives pour être compris dans l'envoi à adresser à l'Administration des Postes et des Télégraphes, conformément à l'article LX.

LVI

(Art. XXXVII, R.R.)

Si le navire auquel est destiné un radiotélégramme n'a pas signalé sa présence à la station côtière dans le délai indiqué par l'expéditeur ou, à défaut d'une telle indication, jusqu'au matin du 8e jour suivant, cette station côtière en donne avis à l'expéditeur.

Celui-ci a la faculté de demander par avis de service taxé, télégraphique ou postal, adressé à la station côtière, que son radiotélégramme soit retenu pendant une nouvelle période de 9 jours pour être transmis au navire et ainsi de suite. A défaut d'une telle demande, le radiotélégramme est mis au rebut à la fin du 9e jour (jour de dépôt non compris).

Toutefois, si la station côtière a l'assurance que le navire est sorti de son rayon d'action avant qu'elle ait pu lui transmettre le radiotélégramme, cette station en informe immédiatement le

bureau d'origine qui avise sans retard l'expéditeur de l'annulation du message. L'expéditeur peut, par avis de service taxé, demander à la station côtière de transmettre le radiotélégramme au plus prochain passage du navire.

9. — TÉLÉGRAMMES SPÉCIAUX.

A. — TÉLÉGRAMMES PRIVÉS URGENTS.

LVII

(Art. XLVIII, R.T.)

1. — Les radiotélégrammes urgents ne sont admis que sur le parcours entre les stations côtières et les bureaux télégraphiques d'origine ou de destination et seulement pour certains pays. Ils sont admis à destination de la France, de l'Algerie et de la Tunisie. Pour les autres pays, voir le tarif télégraphique et consulter, le cas échéant, la station côtière.

2. — L'expéditeur d'un télégramme privé peut obtenir la priorité de transmission et de remise à destination en inscrivant l'indication « Urgent » ou = D = avant l'adresse et en payant le triple de la taxe d'un télégramme ordinaire de même longueur pour le même parcours.

3. — Sur les lignes du réseau télégraphique, les télégrammes privés urgents ont la priorité sur les autres télégrammes privés, et leur priorité entre eux est réglée dans les conditions prévues par le paragraphe 2 de l'article XXXVII.

B. — ACCUSÉS DE RÉCEPTION.

LVIII

Les accusés de réception ne sont admis que pour les radiotélégrammes à destination des navires en mer et seulement pour ce qui concerne le parcours entre le bureau d'origine et la station côtière.

Ils sont traités selon les dispositions des articles LII et LIII du Règlement télégraphique international.

C. — TÉLÉGRAMMES MULTIPLES.

LIX

(Art. LVI, R,T.)

1. — Tout expéditeur peut adresser un télégramme, soit à plusieurs destinataires dans une même localité ou dans des localités différentes, mais desservies par un même bureau télégraphique, soit à plusieurs destinataires sur un même navire, soit à un même destinataire à plusieurs domiciles dans la même localité ou dans des localités différentes, mais desservies par un même bureau télégraphique. A cet effet, il inscrit avant l'adresse l'indication : « x adresses » ou = TMx =, qui entre dans le nombre des mots taxés. Le nom du bureau de destination ou du bateau ne figure qu'une fois, à la fin de l'adresse.

Dans les télégrammes adressés à plusieurs destinataires, les indications concernant le lieu de la remise, telles que bourse, gare, marché, etc., doivent figurer après chaque adresse ou après la dernière si elles se rapportent à un ensemble d'adresses successives.

2. — L'adresse d'un télégramme multiple, si celui-ci comporte des indications éventuelles, est rédigée conformément aux prescriptions de l'article VIII, paragraphe 2.

3. — Il est perçu pour les télégrammes multiples, en sus de la taxe par mot, un droit de 0 fr. 50 pour l'établissement de chaque copie ne comprenant pas plus de cent mots taxés. Le nombre de copies est égal au nombre des adresses moins une.

Pour les copies comportant plus de cent mots taxés, le droit est de 0 fr. 50 par cent mots ou fraction de cent mots. La taxe pour chaque copie est calculée séparément, en tenant compte du nombre de mots qu'elle doit contenir.

Pour les télégrammes urgents, le droit de 0 fr. 50 par copie et par cent mots est porté à 1 franc.

4. — Dans les deux premiers cas prévus par le paragraphe 1er du présent article, chaque exemplaire du télégramme ne doit porter que l'adresse qui lui est propre, et l'indication « x adresses » ou = TMx = n'y doit pas figurer, à moins que l'expéditeur

n'ait demandé le contraire. Cette demande doit être comprise dans le nombre des mots taxés, inscrite avant l'adresse de chaque destinataire qu'elle concerne et formulée comme suit : « Communiquer toutes adresses » ou = CTA =.

D. — TÉLÉGRAMMES À ACHEMINER PAR POSTE.

LX

Les radiotélégrammes peuvent être transmis par une station côtière à un navire, ou par un navire à un autre navire, en vue d'une réexpédition par la voie postale à effectuer à partir d'un port d'atterrissage du navire réceptionnaire.

Ces radiotélégrammes ne comportent aucune retransmission radiotélégraphique.

L'adresse de ces radiotélégrammes doit être libellée ainsi qu'il suit :

1° Indication taxée « poste » suivie du nom du port où le radiotélégramme doit être remis à la poste;

2° Nom et adresse complète du destinataire;

3° Nom de la station de bord qui doit effectuer le dépôt à la poste;

4° Le cas échéant, nom de la station côtière. Exemple : Poste Buenosaires Martinez 14 Calle Prat Valparaiso Avon Lizard.

La taxe comprend, outre ces taxes radiotélégraphiques et télégraphiques, une somme de 0 fr. 25, si le radiotélégramme est envoyé comme lettre ordinaire (art. XXXIX, R. R.).

A l'arrivée du navire dans le port à partir duquel doit avoir lieu l'acheminement postal, la station de bord remet le radiotélégramme à la poste, après l'avoir revêtu d'un timbre-poste de la valeur suffisante pour l'acheminement jusqu'à destination.

Si l'expéditeur désire que son radiotélégramme soit envoyé comme lettre recommandée, il inscrit avant l'adresse l'une des indications éventuelles taxées « Poste recommandée » ou « PR » et acquitte une taxe de 0 fr. 50. Les télégrammes de l'espece sont remis au guichet du bureau de poste qui doit les acheminer par la voie postale.

E. — RADIOTÉLÉGRAMMES À REMETTRE PAR EXPRÈS OU PAR POSTE.

LXI

1. — L'envoi par exprès ne peut être demandé que pour les États qui ont accepté ce mode de transport et dans le cas où le montant des frais d'exprès est perçu sur le destinataire.

2. — L'expéditeur qui désire envoyer un radiotélégramme à remettre par exprès inscrit sur la minute l'indication éventuelle taxée « Exprès », le montant des frais d'exprès est perçu sur le destinataire.

3. — Les radiotélégrammes à remettre par exprès avec frais perçus sur l'expéditeur peuvent être admis lorsqu'ils sont destinés au pays sur le territoire duquel se trouve la station côtière correspondante.

L'indication éventuelle correspondante est « Exprès payé x » ou =XPx=; *x* désignant la somme versée par l'expéditeur pour les frais d'exprès (art. XXXVIII, R. R. et LVIII, R. T.) [1].

4. — Lorsque l'expéditeur désire que le bureau télégraphique d'arrivée achemine son radiotélégramme par la voie postale, soit comme lettre ordinaire, soit comme lettre recommandée, il inscrit, avant l'adresse, l'une des indications éventuelles taxées, soit « Poste », soit « Poste recommandée », ou =PR=.

5. — Les radiotélégrammes à acheminer comme lettres ordinaires, à l'intérieur du pays de destination télégraphique, sont expédiés sans frais. Ceux à acheminer comme lettres recommandées acquittent la taxe de recommandation postale (o fr. 25).

6. — Les radiotélégrammes qui doivent être acheminés par la voie postale hors des limites du pays de destination télégraphique acquittent une taxe de o fr. 25, s'ils sont envoyés comme lettres ordinaires, et de o fr. 50, s'ils sont envoyés comme lettres recommandées.

---

(1) Certains offices étrangers ayant prévu et notifié le montant des frais de transport à payer, l'indication éventuelle à employer dans ce cas est « Exprès payé » ou = XP =.

F. — RADIOTÉLÉGRAMMES AVEC COLLATIONNEMENT.

XLII

1. — Le collationnement consiste dans la répétition intégrale des radiotélégrammes de bureau à bureau.

2. — L'expéditeur d'un radiotélégramme obtient le collationnement en inscrivant sur la minute du radiotélégramme qu'il expédie l'indication éventuelle taxée « collationnement » ou « TC » et en acquittant une taxe supplémentaire égale au quart de la taxe d'un radiotélégramme ordinaire du même nombre de mots pour la même destination et par la même voie que le radiotélégramme à expédier.

G. — RADIOTÉLÉGRAMME AVEC RÉPONSE PAYÉE.

LXIII

1. — Tout expéditeur peut affranchir la réponse qu'il demande à son correspondant, en inscrivant sur la minute du radiotélégramme l'une des indications éventuelles taxées : « Réponse payée fr. x » ou = RP fr. x = (x représentant le montant de la somme payée d'avance pour la réponse).

2. — Dès la réception d'un radiotélégramme avec réponse payée, la station de bord remplit sur le carnet des bons pour réponse payée, toutes les indications de la souche et du bon qui s'y trouvent portées.

La somme à inscrire sur le bon et sur la souche est celle qui est indiquée sur le radiotélégramme demande.

3. — La valeur du bon est écrite en toutes lettres sauf les centimes qui peuvent être écrits en chiffres. Si l'espace destiné à recevoir cette indication n'est pas tout à fait rempli, on le complète par un tiret allant jusqu'à la fin de la ligne.

L'agent signe la souche et le bon; il appose le timbre à date de la station de bord sur l'une et l'autre de ces pièces, à gauche de sa signature. Il s'assure de la concordance du bon avec la souche et détache l'un de l'autre en coupant, vers le milieu, l'onglet qui les sépare.

Le bon ne comporte ni surcharge, ni grattage, ni rature. Si l'on fait erreur en établissant un bon, on doit l'annuler par deux barres croisées et le rattacher à la souche, en l'annotant convenablement. On établit ensuite un nouveau bon.

4. — Le bon est joint extérieurement à la copie d'arrivée au moyen d'une épingle ou d'un peu de gomme. L'enveloppe ou la patte des radiotélégrammes et le reçu qui l'accompagne portent, en caractères très apparents la mention « avec un bon de... (somme en toutes lettres) pour la réponse ».

5. — Le bon de réponse émis à bord d'un navire donne la faculté d'expédier, dans la limite de sa valeur, un radiotélégramme à une destination quelconque à partir de la station de bord qui a émis ce bon (art. XXXVIII R. R.).

6. — Si la taxe du radiotélégramme pour l'envoi duquel le bon est utilisé est supérieure à la valeur du bon, le complément de taxe doit être payé par l'expéditeur de la réponse.

7. — Si le destinataire refuse le télégramme ou seulement le bon, l'opérateur de bord l'invite à mentionner son refus sur le reçu. En cas de refus du radiotélégramme, l'avis de non-remise réglementaire est transmis sans retard.

Quant au bon, il est annexé au radiotélégramme auquel il se rapporte et transmis, avec ce radiotélégramme, en même temps que les pièces de comptabilité du navire, au service de la télégraphie sans fil, à Paris.

8. — Les bons de réponse ne peuvent être employés que par le bénéficiaire ou son mandataire. Ils servent à acquitter, jusqu'à concurrence du montant total des divers bons présentés à la fois, les taxes principales et accessoires d'un radiotélégramme ou de plusieurs radiotélégrammes déposés simultanément par lui pour des destinations quelconques. Ils sont également acceptés en payement d'avis de services taxés.

9. — Un bon ne peut être utilisé que pendant le délai de quarante-deux jours qui suit la date de sa délivrance.

10. — Les carnets de bons pour réponse payée doivent être conservés en lieu sûr ou dans un meuble fermant à clef. Les carnets commencés sont traités de la même manière en dehors des heures de vacation.

Avant d'être livrés aux intéressés, les bons doivent être revêtus au recto de la mention très apparente : « *Utilisable seulement à bord du navire* . . . . . (nom du navire) ».

11. — Les bons non utilisés peuvent être remboursés sur autorisation de l'Administration centrale dans le délai de trois mois qui suit la délivrance du bon.

Le bon, lorsqu'il est restitué à une station de bord, est transmis à cet effet à l'Ingénieur chargé du service de la télégraphie sans fil.

10. — DOCUMENTS DE SERVICE ET ARCHIVES.

LXIV

En outre des registres et imprimés nécessaires à l'exécution du service radiotélégraphique, chaque station de bord, autorisée par l'Administration des Postes et des Télégraphes et ouverte à l'échange de la correspondance privée, doit être munie des documents suivants :

1° Une copie de l'autorisation (licence) délivrée par l'Administration des Postes et des Télégraphes;

2° Le Règlement télégraphique international;

3° La Convention et le Règlement relatifs à l'exécution du service radiotélégraphique international;

4° La présente Instruction;

5° La Nomenclature officielle des bureaux télégraphiques ouverts au service international;

6° La Nomenclature officielle des stations radiotélégraphiques;

7° La liste alphabétique des indicatifs d'appel;

8° Le tarif télégraphique français, ainsi que les tarifs utilisés dans les pays possédant des stations côtières ouvertes à la correspondance privée avec lesquelles la station de bord est susceptible de communiquer en temps normal;

9° Un carnet de bons de réponse payée;

10° Un registre sur lequel sont mentionnés, au moment où ils se produisent, les incidents de service de toute nature, ainsi que les communications échangées avec des stations côtières ou des stations de bord et relatives à des avis de sinistres.

D'autre part, les radiotélégraphistes en service à bord doivent être munis de leur certificat d'aptitude professionnelle.

LXV

1. — Doivent être transmis à l'Administration des Postes et des Télégraphes (Bureau de l'Ingénieur chargé du Service de la Télégraphie sans fil) le 10 de chaque mois :

1° Les copies de passage des stations côtières des télégrammes d'État ou privés échangés avec les navires en mer pendant le mois précédent ainsi que tous les documents y relatifs;

2° Les originaux des télégrammes d'État ou privés, les télégrammes d'arrivée non remis et les documents y relatifs, ainsi que le registre prévu à l'article LXIV, des stations de bord installées sur des navires rentrés à leur port d'attache pendant le mois précédent.

2. — L'envoi de ces documents est effectué, le cas échéant, par l'intermédiaire des Départements ministériels ou des Compagnies de navigation dont les stations relèvent.

3. — Dans la transmission de ces documents, toutes les précautions doivent être prises pour assurer le secret des correspondances.

LXVI

La délivrance de copies de radiotélégrammes, ainsi que la communication des originaux à l'expéditeur, au destinataire ou au fondé de pouvoirs de l'un d'eux, sont soumises aux dispositions de l'article LXX du Règlement télégraphique international.

11. — RÉCLAMATIONS ET REMBOURSEMENTS.

LXVII

Les réclamations concernant le service radiotélégraphique sont soumises aux dispositions des articles LXXI, LXXII, LXXIII et LXXIV du Règlement télégraphique international et à celles de l'article XLI du Règlement radiotélégraphique international.

LXVIII

Les taxes des radiotélégrammes déposés dans les stations de bord, qui, pour une cause quelconque, n'ont pu être transmis par celles-ci, sont immédiatement remboursées aux expéditeurs.

12. — RELATIONS ENTRE STATIONS DE BORD ET RETRANSMISSION.

LXIX

Les transmissions échangées entre les stations de bord doivent s'effectuer de manière à ne pas troubler le service des stations côtières, celles-ci devant avoir, en règle générale, le droit de priorité pour la correspondance publique (art. XLVI, R. R.).

LXX

Les stations côtières et les stations de bord sont tenues de participer à la retransmission des radiotélégrammes dans les cas où la communication ne peut s'établir directement entre les stations d'origine et de destination.

Le nombre des retransmissions est toutefois limité à deux.

En ce qui concerne les radiotélégrammes destinés à la terre ferme, il ne peut être fait usage des retransmissions que pour atteindre la station côtière la plus rapprochée.

La retransmission est, dans tous les cas, subordonnée à la condition que la station intermédiaire qui reçoit le radiotélégramme en transit soit en mesure de lui donner cours (art. XLVII R. R.).

13. — TRANSMISSIONS MÉTÉOROLOGIQUES.

LXXI

(Art. XLV, R. R.)

N. B. — Les dispositions relatives aux transmissions météorologiques, en ce qui concerne le service français, seront notifiées ultérieurement.

14. — COMPTABILITÉ.

A. — STATIONS CÔTIÈRES.

LXXII

1. — Les stations établissent, au jour le jour, et transmettent, le 10 de chaque mois, à l'Administration des Postes et des Télégraphes (Bureau de l'Ingénieur chargé du Service de la Télégraphie sans fil) des relevés n° 1366 des communications radiotélégraphiques échangées pendant le mois précédent avec les navires en mer.

2. — Ces relevés indiquent dans l'ordre des transmissions :

a) Les radiotélégrammes reçus des stations de bord.

Les radiotélégrammes originaires des navires étrangers de même nationalité sont réunis sur un même relevé n° 1366 ; il est établi un relevé pour chaque nationalité des navires correspondants.

Les radiotélégrammes originaires des navires français donnent lieu également, pour chaque Compagnie de navigation, à l'établissement d'un relevé distinct n° 1366 comprenant les communications émanant de tous les navires d'une même Compagnie ;

b) Les radiotélégrammes de toute origine (français et étrangers) transmis aux navires en mer.

Les stations établissent pareillement un relevé distinct n° 1366 pour chaque nationalité de navire destinataire et pour chaque Compagnie française de navigation ;

c) Les radiotélégrammes originaires de l'étranger à destination des bâtiments en mer.

Indépendamment de leur inscription sur les relevés visés dans le paragraphe *b*) ci-dessus, les radiotélégrammes originaires de l'étranger transmis aux stations de bord par une station côtière sont décrits sur des relevés n° 1367. Les radiotélégrammes qui n'ont pu être transmis au navire destinataire sont également décrits dans ces relevés; en regard de chaque inscription, une mention sommaire doit indiquer la cause de la non-transmission. — Un relevé spécial est établi pour chaque office d'origine.

3. — Les avis de service taxés originaires ou à destination des navires en mer sont traités comme les radiotélégrammes; les autres avis de service ne doivent pas être inscrits sur les relevés du trafic.

B. — STATIONS DE BORD DES NAVIRES FRANÇAIS.

LXXIII

1. — Il est tenu dans chaque station de bord un procès-verbal analogue au relevé n° 1367 *bis*, sur lequel sont inscrits les radiotélégrammes au fur et à mesure de leur transmission aux stations côtières, la taxe perçue pour chacun d'eux est mentionnée également sur ce relevé.

Les taxes sont totalisées à la fin de chaque journée et récapitulées de jour en jour jusqu'à la date d'arrivée du navire à son port d'attache français.

Les compléments ou remboursements de taxe, motivés par une cause quelconque, sont inscrits en fin de journée au-dessous du total de la journée pendant laquelle ces opérations de régularisation sont effectuées.

Le total définitif de la journée est ressorti ensuite.

Une mention de référence est portée en regard de l'inscription du radiotélégramme ayant donné lieu à une opération de perception complémentaire ou de remboursement.

2. — Il est tenu également dans chaque station de bord un procès-verbal indiquant, au fur et à mesure des réceptions, les radiotélégrammes reçus des stations côtières et le nombre de mots de chacun d'eux.

3. — Chaque station de bord établit au jour le jour des relevés n° 1367 *bis* des radiotélégrammes échangés entre elle et les stations côtières.

Ces relevés décrivent, dans l'ordre des transmissions, à partir du jour du départ du navire jusqu'à la date où le navire a rejoint son port d'attache français :

a) Les radiotélégrammes transmis aux stations côtières ;

b) Les radiotélégrammes reçus des stations côtières.

Chaque nationalité des stations côtières avec lesquelles des communications ont été échangées donne lieu à l'établissement d'un relevé spécial tant pour les radiotélégrammes d'arrivée que pour ceux de départ.

C. — COMPAGNIES FRANÇAISES DE NAVIGATION.

LXXIV

1. — Le 10 de chaque mois, chaque Compagnie de navigation transmet à l'Administration des Postes et des Télégraphes (Bureau de l'Ingénieur chargé du Service de la Télégraphie sans fil) les documents indiqués ci-après se rapportant aux communications radiotélégraphiques échangées avec les postes côtiers par les stations à bord des navires qui ont rejoint leur port d'attache pendant le mois précédent :

Procès-verbaux de transmission (art. LXXIII, § 1),

Relevés n° 1367 *bis*,

Compte mensuel de la Compagnie.

2. — Chaque Compagnie établit son compte mensuel dans les conditions suivantes :

Les relevés n° 1367 *bis* sont groupés en deux classes, arrivée et départ, et récapitulés par Office des stations côtières de réception ou de transmission.

Les différentes récapitulations sont ensuite inscrites sur le compte mensuel qui doit présenter, par nationalité : d'une part, le doit de la Compagnie, c'est-à-dire le montant des taxes côtières et télégraphiques revenant aux divers Offices pour les radiotélégrammes transmis aux stations côtières par les stations de bord de la Compagnie; d'autre part, l'avoir de la Compagnie, c'est-à-dire le montant des taxes de bord et, le cas échéant, les taxes revenant aux stations de bord intermédiaires, les taxes totales perçues pour les réponses payées, les taxes perçues pour l'établissement de copies supplémentaires et pour la remise par poste, qui lui sont acquises pour les radiotélégrammes transmis à ses navires par les stations côtières.

La balance du doit et de l'avoir de la Compagnie est dégagée au pied du compte.

Le compte mensuel est établi en double expédition, certifié exact par le représentant de la Compagnie et appuyé des relevés n° 1367 *bis* qui y sont récapitulés.

(Annexe à l'article XXII du Règlement.)

Liste des abréviations
à employer dans les transmissions radiotélégraphiques.

ABRÉVIATION. 1	QUESTION. 2	RÉPONSE OU AVIS. 3
— · — · — — · — (C Q)		Signal de recherche employé par une station qui désire entrer en correspondance.
— · — · (T R)		Signal annonçant l'envoi d'indications concernant une station de bord (article XXVIII).
— — · · — — (!)		Signal indiquant qu'une station va émettre avec une grande puissance.
P R B	Désirez-vous communiquer avec ma station à l'aide du Code international de signaux?	Je désire communiquer avec votre station à l'aide du Code international de signaux.
Q R A	Quel est le nom de votre station?...	Ici la station.....
Q R B	A quelle distance vous trouvez-vous de ma station?	La distance entre nos stations est de ..... milles nautiques.
Q R C	Quel est votre vrai relèvement?.....	Mon vrai relèvement est de.... degrés.
Q R D	Où allez-vous?..................	Je vais à .....
Q R F	D'où venez-vous?................	Je viens de .....
Q R G	A quelle compagnie ou ligne de navigation appartenez-vous?	J'appartiens à .....
Q R H	Quelle est votre longueur d'onde?...	Ma longueur d'onde est de ..... mètres.
Q R J	Combien de mots avez-vous à transmettre?	J'ai ..... mots à transmettre.
Q R K	Comment recevez-vous?............	Je reçois bien.
Q R L	Recevez-vous mal? Dois-je transmettre 20 fois : · · · — · pour permettre le réglage de vos appareils?	Je reçois mal, Transmettez 20 fois : · · · — · pour que je puisse régler mes appareils.
Q R M	Êtes-vous troublé?...............	Je suis troublé.
Q R N	Les atmosphériques sont-elles très fortes?	Les atmosphériques sont très fortes.
Q R O	Dois-je augmenter l'énergie?.......	Augmentez l'énergie.
Q R P	Dois-je diminuer l'énergie?........	Diminuez l'énergie.
Q R Q	Dois-je transmettre plus vite?.......	Transmettez plus vite.
Q R S	Dois-je transmettre plus lentement?..	Transmettez plus lentement.
Q R T	Dois-je cesser la transmission?......	Cessez la transmission.
Q R U	Avez-vous quelque chose pour moi?..	Je n'ai rien pour vous.
Q R V	Êtes-vous prêt?..................	Je suis prêt. Tout est en ordre.
Q R W	Êtes-vous occupé?................	Je suis occupé avec une autre station (ou : avec .....). Prière de ne pas troubler.
Q R X	Dois-je attendre?.................	Attendez. Je vous appellerai à .. heures (ou : au besoin).

ABRÉVIATION. 1	QUESTION. 2	RÉPONSE OU AVIS. 3
Q R Y	Quel est mon tour?	Votre tour est numéro....
Q R Z	Mes signaux sont-ils faibles?	Vos signaux sont faibles.
Q S A	Mes signaux sont-ils forts?	Vos signaux sont forts.
Q S B	Mon ton est-il mauvais?	Le ton est mauvais.
	Mon étincelle est-elle mauvaise?	L'étincelle est mauvaise.
Q S C	Les intervalles de transmission sont-ils mauvais?	Les intervalles de transmission sont mauvais.
Q S D	Comparons nos montres. J'ai... heures; quelle heure avez-vous?	L'heure est....
Q S F	Les radiotélégrammes doivent-ils être transmis dans l'ordre alternatif ou par séries?	La transmission sera faite dans l'ordre alternatif.
Q S G	....	La transmission sera faite par séries de 5 radiotélégrammes.
Q S H	....	La transmission sera faite par séries de 10 radiotélégrammes.
Q S J	Quelle est la taxe à percevoir pour....?	La taxe à percevoir est de....
Q S K	Le dernier radiotélégramme est-il annulé?	Le dernier radiotélégramme est annulé.
Q S L	Avez-vous reçu accusé de réception?	Prière donner accusé de réception.
Q S M	Quelle est votre vraie route?	Ma vraie route est de.... degrés.
Q S N	Communiquez-vous avec terre ferme?	Je ne communique pas avec terre ferme.
Q S O	Êtes-vous en communication avec une autre station (ou : avec....)?	Je suis en communication avec.... (par l'intermédiaire de....).
Q S P	Dois-je signaler à.... que vous l'appelez?	Informez.... que je l'appelle.
Q S Q	Suis-je appelé par....?	Vous êtes appelé par....
Q S R	Expédierez-vous le radiotélégramme?	J'expédierai le radiotélégramme.
Q S T	Avez-vous reçu un appel général?	Appel général à toutes stations.
Q S U	Prière m'appeler dès que vous aurez fini (ou : à.... heures).	Je vous appellerai dès que j'aurai fini.
Q S V	Correspondance publique est-elle engagée?	Correspondance publique est engagée. Prière de ne pas la troubler.
Q S W	Dois-je augmenter ma fréquence d'étincelle?	Augmentez la fréquence d'étincelle.
Q S X	Dois-je diminuer ma fréquence d'étincelle?	Diminuez la fréquence d'étincelle.
Q S Y	Dois-je transmettre avec la longueur d'onde de.... mètres?	Passons à l'onde de.... mètres.
Q S Z	....	Transmettez chaque mot deux fois; j'ai de la difficulté à recevoir vos signaux.
Q T A	....	Transmettez chaque radiotélégramme deux fois; j'ai de la difficulté à recevoir vos signaux, ou : Répétez le radiotélégramme que vous venez de transmettre; la réception en est douteuse.

Lorsqu'une abréviation est suivie d'un point d'interrogation, elle s'applique à la question indiquée en regard de cette abréviation.

Exemples :

STATIONS.		
A	Q R A?	= Quel est le nom de votre station?
B	Q R A Campania.	= Ici la station Campania.
A	Q R G?	= A quelle compagnie ou ligne de navigation appartenez-vous?
B	Q R G Cunard. Q R Z	= J'appartiens à la Cunard Line. Vos signaux sont faibles.

La station A augmente alors l'énergie de son transmetteur et transmet :

A	Q R K?	= Comment recevez-vous?
B	Q R K.	= Je reçois bien.
	Q R B 80	= La distance entre nos stations est de 80 milles nautiques.
	Q R C 62	= Mon vrai relèvement est de 62 degrés.
	etc.	etc.

TABLE DES MATIÈRES.

OBJET.	PAGES.	NUMÉROS des ARTICLES.
Accusé de réception (Reçu)	43	XLIX
Accusé de réception (Télégramme avec)	49	LVIII
Adresse conventionnelle ou abrégée	9	IX
Adresse des radiotélégrammes émanant des navires	8	IX
Adresse des radiotélégrammes à destination des navires	10	X
Altérations de mots contraires à l'usage de la langue	20	XXIV
Alternat	35	XXXVII
Annulation d'un télégramme	45	LII
Appel des stations	36 à 39	XXXIX à XLIII
Appels de détresse	34	XXXV
Archives	55	LXV
Arrêt des télégrammes	46	LIII
Avis de non-remise	47	LV
Avis de service	15	XXI
Avis de service taxés	16	XXII
Calcul de la taxe totale des radiotélégrammes	24 et 26	XXVIII et XXIX
Caractères admis pour la correspondance télégraphique	7	VII
Clôture	5	IV
Code international de signaux	11	XI
Collationnement (Télégrammes avec)	52	LXII
Communication des originaux au public	56	LXVI
« Communiquer toutes adresses » ou =CTA=	51	LIX
Comptabilité	60 à 62	LXXII à LXXIV
Compte des mots	17 à 23	XXIII à XXV
Conversion en monnaie française des taxes indiquées en monnaie étrangère	28	XXIX
Copies de radiotélégrammes	56	LXVI
Délais de conservation d'un radiotélégramme par les stations côtières	48	LVI
Dépôt des radiotélégrammes	6	V
Direction à donner aux radiotélégrammes	44	LI
Droit de correspondre par la radiotélégraphie	6	V

OBJET.	PAGES.	NUMÉROS des ARTICLES.
Documents de service dont les stations de bord doivent être munies..............	54, 55	LXIV
Énergie électrique à employer...........	31	XXXII
Équivalent en monnaie étrangère de la valeur du franc en or....................	28	XXIX
Exemples pour le compte des mots........	21 à 23	XXV
Exprès (Télégrammes à remettre par).....	52	LXI
Expressions comptées pour un mot........	18	XXIV
Groupement obligatoire des expressions admises pour un mot.................	18	XXIV
Groupes de chiffres ou de lettres et marques de commerce....................	19	XXIV
Identité de l'expéditeur..............	6	V
Indications éventuelles et signes conventionnels..........................	7, 8	VII et VIII
Infractions aux dispositions de la Convention radiotélégraphique internationale et du Règlement annexe................	31	XXXIII
Insuffisance de l'adresse...............	10	IX
Intercommunication obligatoire..........	30	XXXII
Interférences (Obligation d'éviter les)......	30	XXXII
Irresponsabilité de l'État.............	6	VI
Jour (Télégrammes à remettre pendant le).	46	LIV
Langage clair......................	11	XI, XII, XIII et XXIV
Langage convenu....................	12	XI, XIV et XXIV
Langage chiffré.....................	11, 13	XI, XV et XXIV
Langues autorisées pour la correspondance en langage clair..................	11	XII
Longueurs d'onde....................	30 et 36	XXXII et XXXIX
Mains propres (Télégrammes à remettre en) ou MP.........................	47	LV
Mention de service «Radio»............	41	XLVI
Météorologiques (Transmissions).........	57	LXXI
Multiples..........................	8, 50 et 51	VIII et LIX
Nomenclature officielle des bureaux télégraphiques........................	3	I
Nomenclature officielle des stations radiotélégraphiques.....................	3, 4	III

OBJET.	PAGES.	NUMÉROS des ARTICLES.
Non-remise d'un télégramme	47	LV
Nuit (Télégrammes à remettre pendant la)	46	LIV
Ordre dans lequel les stations de bord doivent communiquer	38, 39	XLIII
Ordre de remise	46	LIV
Ordre de transmission	34 à 36	XXXV à XXXVIII
Ouverts (Télégrammes à remettre)	47	LV
Perception des taxes	24 à 30	XXVIII à XXXI
Perceptions sur le destinataire ou l'expéditeur pour réunions abusives ou altérations de mots	26	XXIV
Poste (Télégrammes à acheminer par)	51	LX
Poste restante (Radiotélégrammes adressés)	10	X
Préambule	39, 40, 41	XLIV, XLV
Procès-verbal tenu par les stations de bord	61	LXXIII
Récépissé de dépôt	30	XXXI
Réception et répétition d'office	42, 43	XLVII et XLVIII
Réception douteuse	43	L
Réclamations et remboursements	56	LXVII et LXVIII
Rédaction des radiotélégrammes	6 à 3	VII à XVI
Régime applicable aux radiotélégrammes	23	XXVI
Règles de transmission :		
a) Relations entre stations radiotélégraphiques	39 à 41	XLIV et XLV
b) Relations entre stations côtières et bureaux télégraphiques	41	XLVI
Relations entre stations de bord et retransmission	56 et 57	LXIX et LXX
Relevés nos 1366, 1367 et 1367 *bis*	66 à 62	LXXII à LXXIV
Remboursements	56	LXVIII
Remise à destination	46 à 49	LIV à LVI
Renseignements échangés avant transmission entre la station côtière et la station de bord	38	XLII
Répétition d'office des télégrammes d'État	13, 42	XVIII et XLVIII
Répétition des nombres suivis de fractions	42	XLVIII
Répétition dans le cas de signaux douteux ou illisibles	43	L
Répétition partielle ou intégrale des radiotélégrammes	42	XLVIII

OBJET.	PAGES.	NUMÉROS des ARTICLES.
Réponse aux appels de secours	34	XXXV
Réponses aux télégrammes d'État considérées comme télégrammes d'État	14	XVIII
Réponse faite par la station appelée	37	XL
Réponse payée (Télégrammes avec)	53, 54	LXIII
Retransmission des radiotélégrammes échangés entre stations de bord	57	LXX
Réunions abusives	20	XXIV
Séries (Transmission par)	35	XXXVII
Service (Télégrammes et avis de)	15 et 16	XX et XXI
Signature	13	XVI
Signaux de transmission	31 à 33	XXXIV
Signes conventionnels pour les indications éventuelles	7	VII
Signes de ponctuation et autres	17	XXIII
Stations radiotélégraphiques	3	II
Taxe totale des radiotélégrammes	24	XXVIII
Télégrammes avec collationnement	52	LXII
Télégrammes avec réponse payée	53, 54	LXIII
Télégrammes à acheminer par poste	51	LX
Télégrammes à remettre en mains propres	47	LV
Télégrammes à remettre ouverts	47	LV
Télégrammes à remettre seulement pendant le jour	46	LIV
Télégrammes à remettre même la nuit	46	LIV
Télégrammes à remettre par exprès	52	LXI
Télégrammes à téléphoner au destinataire	46	LIV
Télégrammes avec accusé de réception	49	LVIII
Télégrammes contenant des irrégularités	39	XLIII
Télégrammes de service	15	XX
Télégrammes d'État	13 et 14	XVII et XVIII
Télégrammes multiples	8, 50, 51	VIII et LIX
Télégrammes privés urgents	49	LVII
Télégrammes spéciaux	49 à 54	LVII à LXIII
Télégraphe restant (Télégrammes adressés)	10	IX
Texte des radiotélégrammes	11 à 13	XI à XV
Texte des télégrammes d'État	14	XVIII
Transmission des appels de secours	34	XXXV
Transmission des radiotélégrammes à la station côtière la plus rapprochée	24	XXVII
Transmission des radiotélégrammes	30 à 46	XXXII à LIII
Transmissions météorologiques	57	LXXI
Urgents (Télégrammes privés)	49	LVII
Voie normale	24	XXVII
Voie prescrite	24	XXVII

Imprimerie Nationale. — 1877-445-1910.

www.ingramcontent.com/pod-product-compliance
Ingram Content Group UK Ltd.
Pitfield, Milton Keynes, MK11 3LW, UK
UKHW022031170726
13837UKWH00002B/520

9 782019 962173